湛庐 CHEERS

与最聪明的人共同进化

HERE COMES EVERYBODY

CHEERS
湛庐

你也能写出爆款好文案

Everybody Writes

[美] 安·汉德莉 著
Ann Handley
白瑞霞 译

中国纺织出版社有限公司

测一测

你知道如何持续输出高质量内容吗？

扫码加入书架

领取阅读激励

扫码获取全部测试题及答案，

一起快速掌握爆款写作法

- 一个好标题应该具备 90% 的（　），10% 的（　）。

  A. 巧妙构思，清晰简洁

  B. 清晰简洁，巧妙构思

- 设置每日写作目标就是要关注每日投入写作的时间，而非每日写作字数，这种说法对吗？

  A. 对

  B. 错

- 以下哪项能更有效地帮你建立用户思维？（单选题）

  A. 通过数据分析用户做了什么

  B. 先自己揣测用户的行为动机，不要总提问

  C. 用“我”或者“我们”来替换“你”

  D. 花时间与用户或潜在用户相处

扫描左侧二维码查看本书更多测试题

写作就像锻炼肌肉

上周二，我做了有生以来的第一个俯卧撑。相信对大多数人而言，这完全不是什么难事。可是对我来说，这是一个值得庆祝的事。

我来自一个极其缺乏运动细胞的家庭，我们总被运动队视为最后的选择，并天生对球类运动感到恐惧。我，体重 90 斤，手无缚鸡之力。让我做俯卧撑，进而做 5 个、10 个，甚至最后能做 50 个，就像让我用俄语写作一样几乎不可能。但我通过锻炼肌肉做到了。

当读者问我“你有没有写作秘诀”时，在我听来就像是在问“你有没有做俯卧撑的秘诀”。因为写作就像锻炼肌肉，努力了就会有结果。

大多数人认为会写是少数人才有的天赋，像是门艺术，它莫名地与创作灵感缪斯、神秘主义和魔法相关。

大家认为这个世界上有两种人：会写的人和不会写的人。对后者来说，想要写得好简直是一场无望的斗争，就像是要拿一把黄油抹刀雕刻出一尊大理石半身像。

但我不这样认为。事实上，写得好，一部分因为习惯，一部分源于对一些基本规则的了解，还有一部分是发自兴趣。每个人都有写出好作品的魔法。

已故的优秀记者戴维·卡尔（David Carr）说：“写作，与其说是在呼唤缪斯的降临，不如说是坚持不懈，直至篇章从敲击键盘的指尖倾泻而出。”

这个世界上的确有两种人，但不是会写的人和不会写的人，而是自认为会写的人和自认为不会写的人。

更准确地说，大多数人都处于这两种人之间。

你拥有的写作能力远超自己的想象。

也许，你不相信我说的——

> 每个人都可以成为出色的写作者？我也可以吗？
>
> 好的文笔还重要吗？
>
> 内容写作、营销和传播正在发生怎样的变化？
>
> 挥洒自如地写东西还重要吗？毕竟人工智能（AI）能在你读完这句话之前，就快速地生成各种内容。
>
> 练习写作值得吗？要写好真就像锻炼肌肉这么简单吗？

这些问题的答案都在本书里。你可以选择自己需要的内容阅读，跳过不感兴趣的部分，掌控权在你手里。

成为出色的写作者的 4 个基本原则

如果你有一个网站，那你就相当于一个“出版商”。如果你活跃在社交媒体上，那你就在进行内容营销。

但现在谁还在乎内容呢？在由各种短视频、热门话题主导的数字世界中，在一个直播、表情符号和 AI 写作大行其道的时代，专注于内容的想法似乎已经跟不上时代了。

事实上，内容在如今这个时代不是不再重要，而是更加重要了。

这本书会让我们看到，我们如何构建了一个“出版商的星球”。在这个星球，出色的内容是产生真正业务增长的源泉。我们都在努力创作出与对我们而言重要的人产生共鸣的内容。科技的发展已经为我们提供了通道和动力，然而，我们并没有充分地利用它们。许多人正在生产垃圾内容。

我们如何在快节奏、多任务的现代生活中激发写作乐趣，掌握应用于不同平台的写作技巧呢？以下是当下成为出色的写作者的 4 个基本原则。

原则 1：真诚的声音很重要。AI 也许可以帮你打草稿。你的竞争对手可能会写出和你一样多的内容，但没有人可以复制你的声音。没有人会呈现出你的样子。没有一个 AI 能像你一样思考和感受。你发自内心最真实的声音是让用户喜欢和信任你的最佳方式。

原则 2：网上的文字就是我们的使者。正如作家贝丝·邓恩（Beth Dunn）所说，我们的文字告诉这个世界我们是谁。① 我们的文字在非常认真地扮演着外交官的角色——为特殊使命而盛装打扮，并在随身携带的小公文包里存放特别重要的信息。我们的文字可以让我们看起来很聪明，也可以让我们看起来很愚蠢。我们的文字可以让我们看起来风趣幽默、热情洋溢、精明能干、值得信赖、讨人喜欢，就像一个只要出现就能照亮整个房间的人，也可以让我们看起来单调乏味、混乱不堪、平淡无奇。我们需要用充满独特风格和真实情感的方式写作，来与读者产生共鸣。

原则 3：条理清晰很重要。清晰在写作中至关重要。今天，有太多的工作都是异地异步完成的。人们在不同的地方、依照各自灵活的时间表来完成具体的任务，交流大都是通过文字。我们需要简洁、清晰地进行表达，让想法或观点不会在来来回回的信息传递过程中扭曲变形。出于对读者的尊重，我们应该以准确传达信息为目的进行写作。因此，能够熟练地运用文字进行沟通是必不可少的技能。

原则 4：用心打磨很重要。我们需要精心构思故事，创造令用户满意的体验。我们需要重视营销中常常被忽视的技能：如何以独特、有深度、充满真实情感的方式写作，以及如何讲好真实的故事。好的内容能触动心灵，让人产生共鸣。

内容在发生怎样的变化

还记得电影《狮子王》中的这个场景吗：国王穆法沙和儿子辛巴站在荣耀岩石

---

① Beth Dunn, "How to Be a Writing God," YouTube video, Inbound Bold Talks (Inbound 2013 conference), January 8, 2014.

上俯瞰整个王国——每一棵猴面包树、每一匹斑马、每一条河流，以及落日和光影。穆法沙转过头对儿子说："每一处光照到的地方都有内容。"辛巴回应道："哇哦！哇哦！"它稚嫩的声音中流露着对天地雄伟壮阔的敬畏感。

不好意思，我开了个玩笑。穆法沙可没有提到"内容"二字。它的原话是："每一处光照到的地方都属于我们的王国。"不过，如果穆法沙是一个内容创作者，那么他会意识到，每天都有无数猴面包树在自己的内容王国里不断地生长。

内容的范围如穆法沙和辛巴站在荣耀岩石上所看到的风景一样壮阔，超越了我们通常对"内容"的定义，并不仅限于登录页、产品页、社交媒体推文等。

内容会贯穿用户与你进行互动、交流的全过程，包括你的数字资产、网站和这些网站提供的用户体验，也包括在社交媒体上发布的所有内容，以及我们在去中心化的 Web3.0 世界中共同创造的东西。也就是说，每一处光照到的地方都有内容。

内容王国在不断扩张，但总有一些东西不会改变。高质量的内容应该具有实用性、启发性和共鸣性。无论采用什么形式，无论在哪里创建或分享，我们的内容写作应遵循这 3 个原则。

原则 1：实用性。实用性意味着能明确地帮助人们，比如为他们减轻负担、缓解痛苦，或提供关键的决策支持。

原则 2：启发性。启发性意味着内容新颖独特、与众不同、文笔优美、制作精良、设计精美。

原则 3：共鸣性。共鸣性意味着要聚焦用户需求，从用户视角来看待整个世界，因为每一处光照到的地方都有内容。

内容写作的 3 个原则可以用公式表示为：

实用性 × 启发性 × 共鸣性 = 高质量的内容

上述公式中，如果其中一项为零，那么你的内容必然也只能是零。

在商业语境中，高质量的内容并不意味着你写的内容要有多厚重或多有文采。相反，高质量在这里意味着我们要弄清楚如何打动读者。也许你知道一些写作技巧，但更重要的是，你写的东西要让读者产生共鸣。无论我们讲述的是什么，都要触及真相。

写作已经发生了 9 大变化

我们通过语法来规范写作，禁止使用某些表达方式，规定使用另一些表达方式，完全没有意识到，当下写作与时俱进地发生了以下 9 大变化。

变化 1：写作更轻松了。如果对写作有着装要求，那么它绝对会说："别给我系领带了。"社交媒体、表情符号、手机都在使我们的语言变得更加轻松随性。

变化 2：写作俏皮化了。我刚刚收到一封问候的电子邮件，上面写着："最近怎么样？安。"可它不是来自一位朋友，而是来自一家袜子公司。

变化 3：写作社会化了。语言就像柴火一样噼啪作响，温暖而响亮。但是，火焰有时也会失控，某些表述可能会引发社会过度的关注和争议。

变化 4：写作更真实了。我们更敢于面对和解决那些过去可能避之唯恐不及的问题，比如，我们已经摒弃了对心理疾病的偏见和误解。

变化 5：写作更能共情了。我们越来越多地使用对话的口吻，毕竟没有人喜欢就事论事那种硬邦邦的语言。我们尝试换位思考、用心去感受世界。

变化 6：写作更人性化了。我不想说交流正在变得人性化，因为，这样似乎在说过去的交流是不人性化的。不过，当 AI 写出第一稿的时候，我们要在其中加入我们的观点、个性、乐趣。AI 能做得最好的只是哑剧般的模仿。

变化 7：写作更直接了。简单直接的语言更容易被大多数人理解。

变化 8：写作更有包容性了。语言就像是一块强力磁铁。它可以让人们更亲近，也可以让人们更疏远。写作正越来越注重呈现并尊重不同的声音和视角。

变化 9：写作可以不完美了。不完美胜过雕琢，真实胜过剧本。我并不是建议你故意在文章中加入错别字，你不能刻意地制造所谓的真实。

以上 9 大变化都反映在本书中。

除了本书，市面上还有很多讲写作的书。它们大部分读起来很有趣，但是具体到要如何做并不清晰明确。应该有一本将写作技巧提炼得简单明了又容易掌握的书，专门为从事商业写作的人提供指导。

我之所以写这本书，就是因为我找不到一本我想要的书，既能指导写作，又能指导内容营销和传播。对想要输出内容的人来说，它应是一本值得信赖的、具有全方位指导性的案头书。

这本书的新版对很多内容做了修订。我最初的设想是在 2014 年版本的基础上添加一两个新篇章，修正一些过时的东西，再编辑一些文字。我以为用 10 分钟就能搞定。结果不是 10 分钟，是 6 个月。我一扩再扩、写了又写、改了又改……

这本书中所呈现的方法也在不断地演变。我有新方法可以帮助你成为出色的写作者。我有讲好故事的新技巧。我有很多新鲜的例证。我有了更多设计品牌声音的想法和见解。我删减了所有乏味的部分，现在这本书的有趣值增加了 10%。

写作已经发生改变。我也变成一个更好的写作者了。这并不是一蹴而就的。我在这里反复强调并想要证明的观点是：当你积极锻炼“写作肌肉”时，你的写作水平会自然而然地提升。作品总是在不断重写中变得更好。

希望这本书成为你写作的入门指南，给你提供最重要也最有用的建议，照亮你的写作之路，让你写得更好，在写作中更快乐。

写作真的就像锻炼肌肉那么简单吗？真的就是那么简单！

文字是我们的使者。它们传递着重要的信息，构建了属于我们的故事。我们的声音和风格都被低估了。事实上，它们应是我们最珍贵的资产。是它们让我们成为我们自己。

所以，现在的问题就变成了：你会从你独特的视角，用自己的声音和风格来讲述你的故事吗？让我们开始吧。

目 录

第三部分 定位法则

如何设计品牌声音

第四部分 故事法则

如何用故事打动用户

第五部分 发布法则

如何发布内容

第六部分 如何写好 16 类内容

Everybody Writes

第一部分

写作基本法则

如何能愿意写，还能写得好

导 读

写作，与养孩子和烤火鸡一样，从来都不是只有一种方法。不过，有的方法糟糕透顶，有的方法则会让你灵感迸发。

无论是养孩子还是烤火鸡，你都需要在操作前对流程有基本的了解。比如，在烤任何东西前，你都需要先准备好烤箱或找口锅。本书已预设你对语法、拼写和标点符号等的用法具备基本的知识和应用能力。

作为本书的作者，我希望你对写作充满热情，渴望能写得更好，更出色，而且你也已经摒弃了早先那种陈旧且愚蠢的想法，即认为只有极少数有天赋的人才能写作。

作家塔那西斯·科茨（Ta-Nehisi Coates）曾在麻省理工学院教授过一年的写作课。他发现，数学的严谨性能让学生更好地应对写作。

“我的一名学生坚持认为，数学成绩能够通过反复练习得到提升，而写作这件事，要么你真有天赋，否则根本没戏。我对她说，写作比她想象的更像数学，完全可以通过练习来提升写作水平。”科茨写道。①

你可以通过练习成为一名出色的写作者。这就好比你可以练好代数、练好 Excel 表格制作、练好尤克里里一样。你需要一些知识和持续的练习，再借助一两个写作框架就能写出不错的东西。

在多年从事写作和编辑的职业生涯中，我学习到了很多东西。因此在本书的第一部分，我想要与大家分享我在基本写作法则上的心得。

---

① Ta-Nehisi Coates, “Notes From the First Year: Some Thoughts on Teaching at MIT,” *The Atlantic*, June 11, 2013.

如果你从未动笔写作过，那么你会找到让你动笔的写作流程。

如果你已经开始写了一段时间，但是感觉自己遇到了瓶颈，那么你会在这个部分找到摆脱困境的方法。

如果你是一位经验丰富的写作者，那么我希望你在这里重新找到磨炼手艺的兴奋感和喜悦感。我喜欢写作原因之一就是，提升永无止境。

我之所以在第一部分讲写作基本法则，是因为我想为读者提供实用有效、具体可行的写作方法。同时，我也想要让我的方法与浮夸、含混的写作建议区分开来。

因此，请将这些写作基本法则视作具有功能性的工具而非规范性的说明，它们提供的是指导，而非硬性的规定，就像能让你的保龄球不落入球沟，在保龄球道上顺利前进的保险杆，帮助你提高击中球瓶的得分率。

当然，你也完全可以打破规则或忽视规则。设立规则不就是为了打破的吗？每一条规则不都是有例外的吗？你可能具备麦吉弗（MacGyver）① 那种充满自信的特质。同手拿回形针和透明胶带就能逃出生天的麦吉弗一样，你能够毫不费力地在社交媒体上写出一款爆品。倘若如此，敬请沿着自己的道路一直前行。

出色的写作者知道应该打破或忽视哪些规则。那么，请先像专业人士一样学习规则，才能像艺术家一样打破规则。

---

① 麦吉弗是 1985 年至 1992 年在美国播放的电视连续剧《百战天龙》中的男主角。在剧中，麦吉弗身为一名密探却不喜欢枪械，他总是机智灵活地运用身边的日常生活用品逃出险境。因此，麦吉弗代表着一种足智多谋、自信满满、总能够化险为夷的形象。——译者注

01

社交媒体时代，人人都在写

让写作能力变强的关键就在于每天坚持写作。写作是一种习惯，而非一门艺术。

在谈论写作习惯之前，我们需要重新思考写作的定义。究竟什么是写作?

请先意识到你每一天其实都在写作：发信息、在社交媒体上发文、在企业常用的即时通信软件或在企业工作平台上沟通工作。

你每一次在社交媒体发状态或留言评论都是一种写作。

写作可以成为你日常锻炼的一部分，也可以成为你生活哲学的一部分。

请接受这样一种观念：你的语言、你的措辞就是你的“货币”。换句话说，语言就像是代理服务器，是你将重要信息传递给你的用户、同事、朋友乃至全世界的媒介。特别是在远程或分散式工作环境中，工作往往不可能同步完成，员工们分布在不同的地点，按照各自灵活的工作时间表来完成任务，在这样的组织机构中，写作就是互相沟通交流的基础——共享的工作日志会取代会议，信息平台的交流会代替面对面的讨论。写作会让我们跨时区的工作伙伴及时了解到最新信息，协同合作。

含义不明确的写作往往会带来灾难性的后果。Automattic 公司的创始人兼首席执行官马特·马伦韦格（Matt Mullenweg）说：“如果写得不清楚，那么你会让原本理解并不相同的人误以为他们站在同一阵线上。”Automattic 本身就有一支编辑团队。他们的部分工作就是编辑内部工作往来信息，让内容更清晰明确。[①]

想让你的读者、关注者和用户能够更喜欢你的文字，就需要你转换思维，将你

---

① Te-Ping Chen, “This CEO Lets His Employees Work Whenever They Want— From Wherever They Want,” *Wall Street Journal*, February 4, 2022.

所使用的每一个词，都视为你以及你所隶属的组织在网上形象的重要组成部分。

作家斯蒂芬·金（Stephen King）说：“想成为作家，必须先做到两件事——大量地阅读和大量地写作。”

斯蒂芬·金的这番话是对那些想要和他一样以文字为生的人说的。在如今这个时代，每人每天其实都在大量地阅读和大量地写作。所以，你已经具备了成为出色的写作者的基础。

02

内容写作不是一门艺术，而是一种习惯

“写作是少数人才能胜任的事”这种想法不过是一个让人蜷缩在沙发上看电视的借口。

你大概会觉得伟大的作者会有特殊的灵感、特别的仪式或堪称完美的条件来提升写作的产量。事实上，成为出色的写作者的关键在于提高写作的产量。也就是说，多写是提高写作能力的关键。

许多知名写作者都强调写作要有固定的时间和日程安排。狄更斯、海明威、马娅·安杰卢（Maya Angelou）和芭芭拉·金索尔弗（Barbara Kingsolver）等人，他们会每日专门留出固定的时间，来培养自己的创作节奏。他们甚或还有一些个人“怪癖”，比如，海明威喜欢站着写作，而安杰卢会在经济型酒店开一个房间，以避开家庭生活的干扰。但是大部分作者的日程安排看上去同其他人的一样平淡无奇。[①]

多产的本杰明·富兰克林的写作时间安排，就像是例行公事，和上下班按时打卡的传统工作模式没什么两样。

无论是写作还是锻炼，你一开始都会感到不自在，甚或还有些痛苦。一穿上运动服，你就会觉得自己状态来了。在杠铃的重压下，你感觉自己就像个蹒跚学步的孩子，嘴里不自觉地哼哼唧唧。这个时候，即使浑身不自在，即使你心生退意，也请坚持。

作家贝丝·邓恩说：“即使写得像一堆垃圾，也要坚持每天写作，保持创作的连续性。”[②]成为一名出色的写作者的关键就是写。图2-1是一份全天写作计划示意，

① Mason Currey, *Daily Rituals: How Artists Work* (New York: Alfred A. Knopf, 2013).

② Beth Dunn, “How to Be a Writing God,” YouTube video, Inbound Bold Talks (Inbound 2013 conference), January 8, 2014.

你可以参考这张图制订自己的写作计划。

时段	时间	安排
早晨 提问：我今天做些什么呢？	5：00 6：00 7：00	起床、洗漱 安排当日事务、做出当日决定 落实当前的学习、吃早餐
	8：00 9：00 10：00 11：00	工作
中午	12：00 13：00	阅读、远离各种社交媒体 吃午餐
	14：00 15：00 16：00 17：00	工作
晚上 提问：我今天都完成了什么呢？	18：00 19：00 20：00 21：00	收拾整理、物归原处 吃晚餐 听音乐、娱乐、闲谈 当日复盘
夜间	22：00 23：00 24：00 1：00 2：00 3：00 4：00	休息

图 2-1　全天写作计划示意

资料来源：© Project Gutenberg.

要顺利推进上述写作计划，以下有 3 点建议。

建议 1：为每一天头脑最清醒的时段预留出完整的时间。每天清晨是我头脑最清醒、不被各种琐碎闲事分心的时候。或许你不属于早起型，你更愿意在每天睡前为自己预留出完整的时间。你一定知道自己一天中哪个时段状态最佳。

建议 2：慢下来。每天早晨，在我打开笔记本电脑之前，都会先将前一天发生的事物记录在一个笔记本上：听到的故事、让我发笑的事情、对话的片段，总之各种各样让我有感触或者对我有启发的东西。

在笔记本的后面几页，我还会列出清单，比如还不成熟的想法、演讲片段、对书的构思等。我之所以记在笔记本上，是因为传统的纸笔书写会让人慢下来。它会促使你反思、回顾和沉淀，让你记录下很多稍纵即逝的东西。

之后，我的大部分时间都会用来处理电子邮件，参加会议，在社交媒体上不断点击链接以及应对汹涌而来的各种推送。处理这些信息花费了我大量时间，如果生活中再没有什么东西来平衡一下，我一定会无比沮丧和空虚。拿起纸和笔，哪怕几分钟，对我来说都是一个反思、重启的过程。

在这里，我想要提倡写日记。我其实并不大喜欢“日记”这个词，因为这个词似乎太过正式。我只是想要鼓励你重新找回自己每日的慢时光，让记录时光成为你的一个基本习惯。

建议 3：不需要写很多，但要经常写。不必在意字数，重要的是保持写作的习惯。作家杰夫·戈因斯（Jeff Goins）说：“周六一天写上 5 小时，远不如一周每天写上 30 分钟更有价值，尤其是当你刚刚开始写作的时候。”

我喜欢戈因斯对每天写作的重要性的解释。他说，每周只练习一次根本谈不上是习惯，只是在尽义务。“如果某件事你每周只做一次，那么你彻底放弃它也许只是时间问题。”①

想要成为一名出色的写作者，没有捷径可走，请务必坚持每天写作。

---

① Jeff Goins, “Why You Need to Write Every Day,” *Jeff Goins* (blog).

03

如何推动自己持续输出内容

我从来都不是一个爱写日记的人。我既没有耐心，也不自律，更没有那份只为自己写东西的兴趣。

要培养写作能力，有一个日常的写作习惯真的非常重要。我每天都会训练自己的“写作肌肉”，想要将“肌肉”练得紧绷、结实、有美感。可是，当你感觉疲惫时，你会丧失动力，提笔变得沉重艰难，这时你需要找回状态。天才作家、威斯康星大学麦迪逊分校的教授琳达·巴里（Lynda Barry）建议使用一种四分格法来记录自己的日常习惯。[①] 我将她的四分格法稍作修改后，制作了图 3-1 所示的示意图。

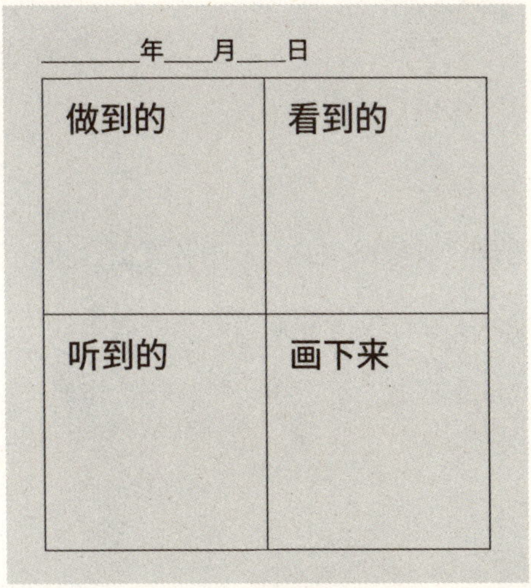

图 3-1　写作四分格法

资料来源：灵感来自 Lynda Barry，*Syllabus: Notes from an Accidental Professor.*

---

① Lynda Barry, “A Way of Keeping a Diary,” *The Near-Sighted Monkey* (blog).

将你日记本中的一页分成四个区域，分别按图 3-1 所示命名。你只要每天填空、列要点，不用写完整的句子，仅使用关键短语或词语就能随手记录一些想法：

- 做到的：这一天，你是如何度过的？
- 看到的：你看到了什么？注意到了什么？
- 听到的：你无意间听到了什么？从陌生人、邻居，与你进行视频通话的爱人、孩子那里，或小猫的叫声中听到了什么？
- 画下来：随手画一张与这一天相关的涂鸦。画画的目的很简单，就是放松和享受乐趣，无须评判什么艺术水平。

几天后，你就会发现自己开始以一种与以往不同的方式看待这个世界了。你脑袋里收集了很多你之后会记录下来的东西。你会在不知不觉间找回状态。你没有在写，你只是在列清单。

如果你感觉自己深陷困境，还可以试试下面这些能够激发你培养日常写作习惯的技巧：

- 定一个小目标。例如，每日写一行。
- 设定每日写作提醒。
- 尝试在清晨记录，以意识流的方式随意写上 3 页。
- 摘抄。摘抄他人的作品能了解对方的写作风格、用词方式等。
- 不要想太多，放手去做。这既是一种技巧，也是一种心态。

04

忘掉读书时写作文的条条框框

2021 年，美国大学理事会对素有美国高考之称的 SAT 考试进行改革，其中一个关键变化是取消了作文考试。①

麻省理工学院的莱斯·佩雷尔曼（Les Perelman）教授一直是美国大学理事会在 SAT 考试中推行五段式作文的严厉批评者。他指出，这种方式让学生用华丽的辞藻堆砌长篇大论，哪怕整体并不出色也能获得高分。而如果在文章中穿插一些深奥且鲜为人知的论点，分数还会更高。

佩雷尔曼专门指导了 16 名因作文成绩平平而重新参加 SAT 考试的学生。他鼓励他们长篇大论地写满整个卷面，包括页边和背面。

《纽约时报杂志》记者托德·巴尔夫（Todd Balf）写道："佩雷尔曼告诉他们，相比于事实的准确性，细节更重要。他说，他们甚至可以把发生在 1812 年的战争写成是 1945 年发生的。他还鼓励他们使用一些不常用但花哨的词汇，以及两三句预先准备的名人名言，无论它们是否与文章的主题相关。"

结果呢？重新参加考试的 16 名学生中，有 15 人的作文得分高于 90% 的考生。但佩雷尔曼紧接着告诉他们，再也不要这样写文章了！因为没有人在这个过程中学习到任何与写作有关的东西。②

很多美国人在学校里学习的是五段式作文，其格式与 SAT 考试类似，大致如下：

---

① College Board, "College Board Will No Longer Offer SAT Subject Tests or SAT with Essay," *College Board Blog*, January 19, 2021.

② Todd Balf, "The Story Behind the SAT Overhaul," *The New York Times Magazine*, March 6, 2014.

1. **开头：**陈述主题或列一个提纲式的内容概述。
2. **正文第一段：**提出第一个有力的论点，给出令人信服的分析和例证。每一个正文的段落都应该有上下文衔接的连接词。每一段在第一个主题句之后最起码还需要 4 个句子，向读者进一步解释你的主题句。最后一句话还要起到起承转合的作用。
3. **正文第二段：**提出第二个有力的论点，给出令人信服的分析和例证。
4. **正文第三段：**提出第三个有力的论点，给令人信服的分析和例证。
5. **结尾：**重述主题，运用一些与文章开头呼应的关键词，但不是重复，而是对文章提到的 3 个论点进行归纳总结。

以上或许是指导中学生进行写作的一个完美框架。但如果走出校门还用这种结构固化、沉闷乏味的写作模式，就会让人读起来味同嚼蜡。更糟糕的是，它似乎暗示了只有一种正确的写作方式，无形中表明其他写作方法都是错误的。

你在学校学习的写作方式或许曾经大有所用。但是现在，是时候跟它说再见了！

05

将内容输出视作你的特权

前几天我读到一篇文章，文中提及了一家公司的成功，以及它在内容输出方面的非凡能力。

这家公司更新官方社交媒体推文或视频，就好像狄更斯时代的孤儿院发粥一样频繁和欢乐。

成功的品牌会将用户的需求放在首位，将内容输出视作自己的特权。

将内容输出视作一种特权，是不是听上去有些幼稚？它实际上是一种必要的心态，为内容创作提供了肥沃的土壤。这种观点表明人们重视与用户之间的关系，将他们的需求放在首位，并渴望赢得他们的信任。

你创作的内容都应该取悦你的用户或潜在用户，而非你的老板或委托人。

我们拥有巨大的影响力去教育、娱乐和帮助用户，但也可能会惹恼、激怒、误导用户……甚至白白浪费机会。

因此，摆在我们面前的挑战是如何尊重用户，并以一种实用、有启发性并表达了共鸣的方式满足每一位用户的需求。

写作、修改、润色……时刻都要将读者放在心中。

策划人乔纳森·科尔曼（Jonathon Colman）告诉我："内容创作要从共鸣性开始，沿着实用性前行，提升启发性，最后用爱来优化。"

06

写作有一套基本流程

写作就像是沿着一条漆黑漫长的隧道在缓慢前行。你只能依稀看见前面一两米远的地方，你小心翼翼地迈着每一步，不知道自己会去往哪里，也不知道何时才能抵达。

面对如此充满不确定性的艰巨任务，最有效的应对办法就是在开始时有一个指引流程。

上中学时，我写文章时将心思全放在最后的成品上。老师重视的是最终成稿，而不是在写作过程中的草稿和笔记。换句话说，老师更在意的是，我能不能写出一篇分析《红色英勇勋章》（*The Red Badge of Courage*）的主人公弗莱明从一个生性浪漫的农场男孩成长为美国南北战争中的一名士兵的文章。至于这样一篇文章是如何出现在书桌上的，老师并不关心。

我不记得老师对我写的《红色英勇勋章》的草稿有多在意，我更不记得她曾经在我写作的沿途摇旗呐喊。写作的过程会让人感到无聊和麻木，就像是给一颗生西红柿剥皮，或是在洗好的一堆衣服里给袜子配对，又或是一点一点地清洗甜菜根上的污垢。

但是，无论怎么说，过程无从回避。生活的许多方面也是如此。我们需要一张路线图，指引我们到达目的地。

请想象我们可以跟着导航写作，导航将带领我们去往目的地，将原本杂乱无章的想法变成一篇思路连贯、内容清晰的文章，让他人可以理解、欣赏并喜爱。

隧道也许让人感到幽暗，但终究会有光出现在它的尽头。

07

17 步为写作导航

我发明了一套通用写作流程，我称之为写作 GPS。这套流程适用于写作较长篇幅的作品，包括公众号推文、视频脚本、说明书、新闻稿以及网站内容等。

写作 GPS 一共分为 17 步。

你可能会顿时没了胃口：“她说 17 步？是 7 步还是 17 步？ 17 步听上去有点多啊。17 步让人压力好大。”

别担心，我向你保证，使用写作 GPS 绝不会让人感到疲惫。

事实上，这 17 步中的大部分步骤会在本书的其他章节中详细讨论。而且，某些步骤是你几乎会自动地、本能地去做的。这些步骤体现的更多是一种心态，而不是在项目管理软件上勾选的任务清单。

比如，第 6 步“离开一会儿”是一个具体的步骤吗？好像不是。它只是表示你的大脑需要休息。

再如，“整合情绪”是指什么具体的步骤吗？当然也不是。这是对创作过程中蕴含丰富情感的敬意。

我列举所有的步骤，是为了帮助我们了解这些环节是如何共同作用来构建一个更为宏大的整体。所有这些步骤都是让你踏上出色写作之旅的一部分。

我们需要一个超越基本知识的框架。如此一来，你就能看到在哪些方面多付出一点努力或关注，就能让奇迹发生。这恰恰就是写作 GPS 的功能所在。

现在，让我们一起来看看能带你写出精彩内容的写作 GPS（见图 7-1）。

写作 GPS 用开始（go）、推进（push）、润色（shine）替代了全球定位系统（global positioning system）。它分为 3 个阶段。

阶段 1：开始（1 ～ 4 步），指前期准备和研究的基础工作。

阶段 2：推进（5 ～ 10 步），指打磨文稿。

阶段 3：润色（11 ～ 17 步），指编辑和发布。

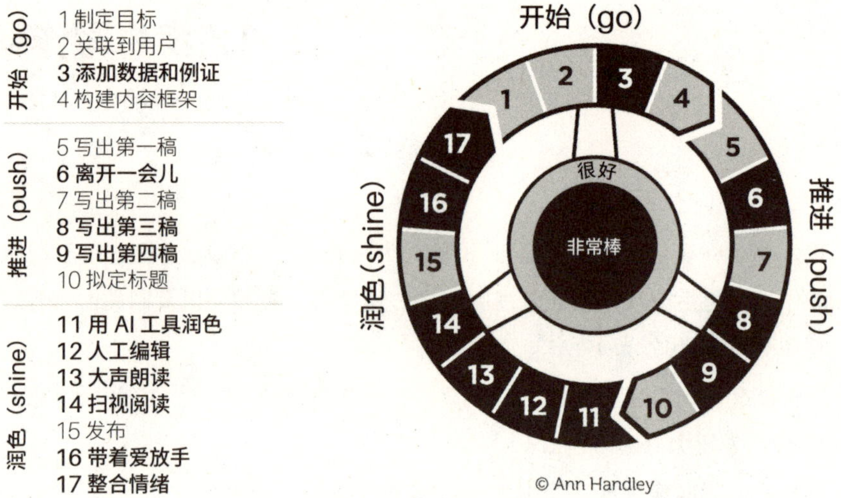

图 7-1　写作 GPS

图 7-1 中灰色标记的 7 个步骤（即 1、2、4、5、7、10、15）是写作的最低要求。这是我们大多数人都会遵循的一条路线。从提笔到完稿，这些是你在写作过程中必然会经历的步骤，就像在旅程中给车加油、吃饭、上厕所。黑色标记的 10 个步骤（即 3、6、8、9、11、12、13、14、16、17）则为最基本的旅程增添了一份奇妙、冒险的色彩。这 10 个步骤会带你提升写作水平，让你为读者提供一段极其难忘的阅读旅程。

这个框架就好比一个方向盘，让你坐上驾驶座，开始给自己导航。

写作 GPS 的 17 步详细操作方法如下：

1. **制定目标。**你的目标是什么？你想要达成什么样的目的？你提笔写作的任何东西，哪怕是一篇网络日志，都应该与一个更大的市场需求或商业目标保持一致。这里的关键是你要关心自己所写的内容。你可以假装关心，但是读者会敏感地感受到你的不真诚。

2. **关联到用户。**将目标与用户产生联系。为什么这款软件对他们而言很重要？对他们来说，这款软件会带来什么好处？为什么他们应该关心？你希望他们可以从中学习或得到什么样的信息？你会为你的用户提供什么样的价值？他们可能会有什么问题？你会提供什么样的建议或帮助？你要如何才能为他们提供最好的服务？为了直达核心，请不断自问自答，直到你无法再找出新的答案。

3. **添加数据和例证。**有什么可靠的信息来源支持你的主要观点吗？你能否提供一些示例、数据、真实的故事、最新动态作为引用依据？不要低估个人经验，但也不要完全依赖它。如果你有相关经验，那么你自己就可以成为一个可靠的信息来源。写作老师奇普·斯坎伦（Chip Scanlan）说："你越有个性，就越能吸引人们的关注。那些以自身经历为素材和资源的作家，最有可能与广大读者建立深厚的情感联系……请问一问自己：我对这个故事有什么看法？我对它了解多少呢？……聪明的作者会从一开始就挖掘自己的资源宝库。"[①] 请深入思考：你可以与什么人或组织进行交谈，以此获得他们一手的故事和建议？

4. **构建内容框架。**哪一种结构框架最适合讲你的故事？是清单还是操作指南？是案例研究还是用户分享？

5. **写出第一稿。**写下糟糕的第一稿，你可能会感到写得不怎么样。稍后，你会一一解决这些问题。但请先动笔写下自己的第一稿。

6. **离开一会儿。**走一走，放空大脑吧。为自己的第一稿和第二稿之间留出点时间。

7. **写出第二稿。**把那团乱麻整理一下，带着新鲜的视角写作第二稿。

8. **写出第三稿。**第三稿意味着你邀请自己的读者走进创作空间，邀请一位就好。在前两稿，你是从自己的角度出发写作。那么，第三稿就是

① Chip Scanlan, "Ten Paradoxes of the Writing Life, Poynter".

你与你的读者角色互换，从他们的视角出发，重新写作。

9. **写出第四稿。**这是写作 GPS 中我喜欢的一个关口。这个关口的检查者就像是你和蔼可亲的奶奶！在她眼里，你所做的一切都是那么棒！为你的作品添加声音、风格、趣味、闪光点、幽默点。
10. **拟定标题。**尝试撰写令人印象深刻的标题。
11. **使用 AI 工具润色。**你可以采纳或拒绝 AI 工具的建议。对于自己的写作有足够的信心，能够果断地拒绝 AI 工具的帮助，这当然更好。
12. **人工编辑。**将 AI 润色过的版本发送给与你长期合作的编辑。编辑是对语法、用词、风格和标点符号规范都有严格把握的人。但最重要的是，编辑对你和你的行文风格非常了解。
13. **大声朗读。**大声朗读你的终稿是你聆听自己声音的最好方式。我在自言自语时刻里找到的错误有：大量的语法及拼写错误，尴尬的措辞，难以理解的句子，一些听上去过于规范、严肃或直截了当的表达。有时，我的终稿听上去就像是高速公路上 5 辆车连环相撞的事故报道一样，没有用我自己的声音写。
14. **扫视阅读。**大段的文字有时让人难以理解，尤其是在线上阅读的时候。删除无趣到让读者走神的文字。
15. **发布。**发布的同时需要解答一个问题：现在该怎么做？千万不要让读者在音乐停止后还尴尬地站在舞池中央。你希望读者接下来做些什么呢？——查看其他资源？点击订阅更多内容？注册参加活动或免费试用？买东西？留下反馈？给你留言？
16. **带着爱放手。**从这时起，你的作品不再属于你。当你的作品发布或出版之后，它将独立存在于这个世界。
17. **整合情绪。**喜悦与遗憾是内容发布之后可能会伴随而来的两种情绪。遗憾可能因为那不是你一开始在头脑中计划设想的东西。这时候，请原谅自己。你现在完成的作品就是最好的。如果有什么经验教训，就运用到日后的创作中吧。喜悦可能是应该给自己鼓掌。你做到了，而且做得非常好！写作犹如生活，是如此复杂。

这 17 步构成了我写作的整个流程。通常，它们会持续很多天。

你可以心里装着这些步骤，想怎么用就怎么用。也许，你喜欢先一股脑地写出第一稿（第 5 步），然后再构建内容框架（第 4 步）。没关系，写作方式不止一种。你可以试试看什么方法对你来说比较有用，丢弃不太有用的方法，采纳那些或许会有用的建议，随心所欲地进行调试。

08

拥抱你糟糕的第一稿

你已经想好要写什么了。你对应该如何写也有了一个大概的想法。

那么，动笔吧！写出哪怕是糟糕的第一稿。

糟糕的第一稿可不是创作劣质作品的通行证。它其实是我们在创作自己喜爱的作品时必不可少的一环。

在希腊神话中，女神雅典娜是宙斯最宠爱的女儿。她的诞生方式与众不同。她是在长大成人且全副武装的状态下从宙斯的前额诞生的。

写作时陷入瘫痪状态往往是由于我们一开始对自己的期望值过高。

我们在空白的页面上遣词造句，期待能够创造出生动、有力且结构完整的作品，一如写作版雅典娜。除非你拥有神力，否则根本不可能。

期待写出雅典娜般成熟且流畅的作品意味着你给自己施加了太大的压力。

你眼中优秀的写作者往往在第一稿的时候会很糟糕。

不过，他们的秘密在于：他们都是自己作品的优秀编辑。写作就是编辑。

所以，敬请拥抱自己糟糕的第一稿。

写不好的确让人备感痛苦且沮丧。

但是，不管怎么说，你正在梳理自己大脑中乱七八糟的东西，把它们写到纸上！

当你再次回顾时，你就可以开始将它们塑造成更加有条理、有逻辑、更易于理解的东西。

我自己的第一稿大致是这样的：满篇错别字和七零八落的短语、句子，就好像我是戴着连指手套打的字一样。

我必须不断地提醒自己，那焕发着光彩的文章会在下一稿中呈现出来。

下面让我们一起来看一看第一稿的写作时间线。

首先，写出糟糕的第一稿。想想你究竟想写什么，将关键点或主题句写出来。

坐在椅子上，打开电脑，双手像是使用了永久性黏合剂那样固定在键盘上，移动双手，敲出一长串的句子。

句子是否完整？结构如何？流畅性如何？语法对吗？这些此时还统统不用考虑！

先顺手记录下出现在脑海中的任何想法。不要担心句子是不是完整、连贯，也不要担心用词是否准确。

有错别字、语法有误、措辞糟糕、主谓搭配不当……没事，让这一切自然发生！

所有这些问题之后都会被更正，你只管写。

如果卡壳了，思考一下是什么让你卡住了。你需要做更多的研究吗？需要更多的例子吗？需要多一个观点吗？

在这个阶段，你完全可以随时插入一句“这里需要一个更好的例子”，或是“这里可以使用研究数据”，或是“这里需要一些东西来支持论点”，又或是“这里需要一个更生动的比喻”。

在这个阶段，你的每一次重读只是为了提醒自己是否还有其他想表达的东西，或者为你这个粗陋的框架再添加一些有料的东西。

重要的是体谅自己，禁止使用负面评价诽谤自己。

也许，你期盼着自己妙笔生花。别，你实际上应该想象自己的写作就像是婴儿在学习走路。

你的文字像肢体僵硬、步履蹒跚、笨拙地在页面上挪步的弗兰肯斯坦[①]一样，随时可能轰然崩溃。请继续写！在没有写出 999 个字之前，不要让屁股离开椅子。

999 个听上去比 1 000 个好像更容易些，就好比 0.99 美元听上去比 1 美元少得多一样。

啊，你做到了！第一稿诞生了！

然后，离开一会儿。感觉到完成第一稿的轻松了吗？尽管这一稿既粗糙又

① 英国作家玛丽·雪莱（Mary Shelley）在 1818 年创作的小说《科学怪人》（*Frankenstein*）中的主人公。弗兰肯斯坦是由一个疯狂的科学家用捡来的碎尸块拼接成的丑陋无比的怪物。——编者注

糟糕。

此时是离开一会儿的好时机。如果可行的话，那就过个夜再回来；如果不行的话，那就尽可能挤出更多的时间放一放。

牵着狗出门去散步，约朋友喝咖啡，刷刷手机……无论做什么吧，只要你与第一稿之间能够保持一定的距离。

当你再次回看时，你的新视角会看到某句话放在哪个位置更合适，或者会想到一个更贴切的比喻，又或者发现某个表达可以更简洁一些。

我无法解释为什么隔上一段时间就会让你发生奇妙的变化，但事实就是如此，像魔法一样。

09

大刀阔斧地改出第二稿

写作很容易。你所要做的无非就是划掉错误的用词。

——马克·吐温

拿起昨天糟糕的第一稿，开始让自己的第一稿成为更好的版本。

重新审视第一稿并修改和重写，听着像是件苦差事。事实绝非如此，因为这个环节蕴含着某种自由。

你已经完成了最困难的将想法诉诸笔端的部分，接下来是相对较为容易的工作——提炼文本精华。你在这个过程中也不会那么焦虑，或者说你要做的是划掉错误的、不必要的用词，逐一替换为更好的表达。

我最喜欢的写作环节就是修改，因为这时我开始享受写作的乐趣。对我来说，第一稿就像是在苦兮兮地戴着脚镣工作，而修改编辑会让我觉得开始有趣了。

顺便说一句，这个环节不是让其他人来编辑你的作品。那是之后的事。

你需要先对自己的作品进行初步的编辑和修改，其中有两种方法：一是大刀阔斧地编辑，也就是说你要从宏观角度审视整体结构；二是做手术式编辑，这时候，你需要查看段落是否顺畅、句子是否流畅、用词是否准确等。

我喜欢同时用这两种方法进行稿件修改。

方法一：大刀阔斧地编辑。这一步要忽略语法和用词，只看全局。具体方法如下：

- **看要点。**你的要点清楚吗？或许你的介绍太长，没有直奔主题，反而让你的表达陷入了困境。倘若如此，请删除那些介绍性文字。

- **特别留意开场白。**一开始的几句话至关重要，它们是邀请读者继续阅读的法宝。
- **你可以删减点什么？**什么内容不能支撑你的主要观点或是进一步展开论述？什么内容偏离主题？什么内容过于肆意？什么内容过于雕琢了，感觉有点儿用力过猛？删掉！①
- **让每一个段落都有其存在价值。**你的每一个段落是否包含着它独有的想法，和前后的段落都不一样？还是说你的某一个段落只是换了一个方式，将之前已经表达的想法又表达了一次？你的段落是否由不连贯的句子笨拙地拼凑在一起，让人读起来感觉混乱？句子之间应该互相呼应，共同表达一个完整的主题。
- **让每一个句子都自有含义。**套用上一条的标准来看句子。这句话是否有其独特之处？还是说它只是在简单重复之前的表达？如果你在段落中读到重复的表达，那么删除它。
- **要有"少即多"的理念。**写作者总是花大量的篇幅才点明要点，他们写得太多了。千万别这样。
- **要有逻辑。**你需要做些什么让文章上下文衔接更流畅呢？将段落中的句子想象成一对老夫老妻的对话——不会打断彼此，而是互为补充。
- **还缺点什么？**有数据支持吗？还需要什么信息能让文章读起来更全面？表达得真实吗？

方法二：做手术式编辑。接下来，不再大刀阔斧，而是要拿起你的手术刀：

- **去脂瘦身。**你的表达是否堆砌辞藻，是否可以更简洁？
- **舍弃废话。**"在这篇文章中……""我一直认为……""我们认为……"

① 有时，你会爱上自己写的某个字词或句子。即使你知道自己需要删掉它们，但是你一点儿也舍不得。我会专门建立一个文档来保存这样的字词或句子。它们是让我引以为豪的创作，我不想删除它们。我专门给这样的文档起名叫"亲爱的"。

这些显而易见的短语都没有必要，把它们打包扔掉。

- **丢掉不需要的词语。**花哨的用词、套话和词不达意的表达统统不要。
- **精简表达。**用简洁的词替代冗长的短语。
- **减少冗余的副词。**
- **段落之间承上启下。**好的作品就像流水般从一个段落自然流淌到下一个段落。段落之间的美好衔接犹如细密的针脚，你看不到生涩的过渡，它们不会阻挡你的视线。它们巧妙地将各个段落连接成了一个天衣无缝的整体。它们会提升整体的阅读氛围。
- **段落之间自然连接。**不要运用你在高中阶段学到的衔接词。试着从上一段中提取一个观点，让它与下一段的一个想法衔接起来。
- **你是否描绘得很生动，并运用了新鲜的比喻？**检查一下你是否在说套话。

你有没有留意到，到目前为止我都没有说过语法？这并非因为语法不重要。我们将在本书的第二部分讨论语法。

10

与读者换位思考形成第三稿

读者不会为了鼓掌而翻动页面。

——*唐·默里*（Don Murray）

在写第三稿时，你可以邀请读者进来了。

注意，邀请一位读者就够了，不用邀请你所有的目标读者。

让我们虚构一位叫佩图尼娅的读者。第三稿就是你和读者佩图尼娅交换位置的时刻。你穿上她的鞋，与她交换身体，透过她的眼睛读你的作品，想象她的观点。

在第三稿的写作过程中，让佩图尼娅参与其中会让你的行文更具有个人风格。

这一次，你是在为一个人写作，而不是对着体育场内超大屏幕上转动脸庞的所有人写作。我一再强调是“一位读者”，因为这一点很重要。

你要考虑佩图尼娅在阅读你作品时的感受：

- **她能跟得上你的逻辑吗？**她是不是要花大力气才能理解你的文章的主题和论点？认为他人和我们具有相同的背景，和我们一样对某件事有着深入的了解，是一种认知偏见。我在新闻专业学到的至为宝贵的一点是：“要假设你的读者对此一无所知，但不要假设他们无知。”
- **她可能会有什么问题？**你解答了她的问题吗？
- **她是否在文中看到了自己的影子？**你有没有在作品中让她感受到写的是她自己？

写作不是自我陶醉，而是需要与读者换位思考。请对你的作品持一种怀疑的态度，跳出你的思维框架，尝试代入佩图尼娅的视角。

坚持不懈甚至固执地从读者的角度出发，能让他们体验到你所给予的共鸣感。

好作品服务于读者。好内容服务于用户。

在写作时，我们通常会将自身和产品放在首位，以自身为先，而非以用户为先。

这并非写作者的错。很多组织，尤其是拥有多位决策者的组织，会将决策者的视角置于用户视角之上。那些固执己见、自认比整个编辑和营销团队还擅长内容输出的高管，在老板面前占据一席之地。

然而，将任何人置于用户的前面都是错误的。你写的内容唯一应该取悦的就是你的用户，因为你最终服务的是他们，而非你的老板、首席执行官或其他人。

如果你的用户喜欢你的内容，那么你的老板或其他人也会喜欢。

反之则不然，如果只有你的老板喜欢你的内容，那么它就不会得到任何的关注、分享和点赞。你的用户不会在乎它，它就不会达到你的组织想要的效果。

“在每一个糟糕的作品背后，都有一位提出了某项要求的管理者。”营销人迈克尔·布伦纳（Michael Brenner）说道。

你要创作出只取悦一个人的内容，这个人只能是你的用户或潜在用户，而不能是你的老板。

你要当成是用户在给你开工资，以这种立场创作内容。

11

在放松状态下编写第四稿

最幽默的语调、最贴切的比喻、最清晰的逻辑结构、最出色的文笔都来自改写。第四稿的写作过程充满乐趣：

- **数一数作品中“你”的数量。**希望数都数不完。
- **借助 AI 工具。**AI 工具主要可以帮助你遣词造句。
- **创造流畅的能量。**让每个句子都发挥作用。有没有句子在拖后腿？那就把它删掉。让每个词都发挥作用，吸引读者继续阅读。
- **层次分明。**借由分段、小标题、项目符号和图片让作品层次分明。
- **相信你的特定目标读者。**不要过度描述或过度说明。要为你的特定目标读者发挥想象留出空间，让他能够沉浸在你的内容中。
- **放松，乐在其中。**如果写作让你感觉就像是用电击枪对准你敏感的手指打字，那你可能没找到好状态。

12

6 步建立用户思维

有些人天生具有共情能力。他们很容易理解他人的观点，并能凭直觉感同身受。

你是这样的人吗？如果是，恭喜你，你已经成为这场游戏的领跑者。其他人则需要通过刻意练习才能体会他人的心理。

“能激发出美好体验的写作需要理解和感受用户的处境、需求和目标，”策划人乔纳森·科尔曼说，“最好的内容体验会将各种因素顺利衔接到某一个能让大家感同身受的点上。”

换句话说，我们所有内容的核心都应该是对用户体验的深刻理解和共情。了解你的写作对象并深刻理解他们的问题是磨炼写作技巧的关键。

仅仅为了提高搜索排名而写作是时间、精力以及写作机会的巨大浪费。从长远来看，写出有用的内容，解决用户的问题，减轻他们的负担，缓解他们的痛苦，丰富他们的生活，在彼此之间建立联系，这样做更为明智。

我们要用包容和关爱的态度理解不同处境的用户，帮助他们找到他们所面对的问题的答案，确保他们在我们的作品中看到他们自己的影子。

你写作的任何内容，无论是产品页、登录页、用户服务还是“关于我们”页面，都“需要运用语言帮助人们满足他们的需求、实现他们的目标。”科尔曼对我说。

如何知道用户需求？这个时候，你需要极大的共情能力，从认识你的用户开始做。

“不深入了解真实的人，就很难对他们的真实经历产生真正的共情。”科尔曼说，“我们不要把他们当作大数据的集合，而要真正地去与他们交谈，倾听他们的声音。”

与写作一样，共情能力也并非一种天赋，而是一门学问。你需要有意识地培养可以运用到写作中的巨大的共情能力。

“你不是做一锤子的买卖，”科尔曼说，“而是要建立一种长期的关系。”

以下是我们培养共情能力、建立用户思维的主要方法：

1. **花时间与用户互动。**这听起来很简单，然而，很少有编辑或营销人真正与用户互动。通常只有客服或销售才会倾听用户咨询，跟踪用户的行为，了解他们遇到的问题，找出他们的回应模式。
2. **了解用户的生存环境。**你最好能拜访那些在家里、在工作中或在排队时使用你的产品或服务的人。“面对他们对你和你的内容的需求，你会有一个全新的认识，”科尔曼说，“没有情境，你就无法培养出共情能力。”
3. **多问为什么。**永远不要想当然地以为能理解用户的行为动机。“你可能很擅长使用大数据来观测用户在使用网站或应用程序时在行为上的细微差别，”科尔曼说，“但是大数据只会告诉你用户做了什么，却无法解析他们为什么要那么做。因此，要多问为什么，刨根问底，直到你理解了对方在意的东西和需求。”
4. **分享故事，而不仅仅是统计数据。**许多人都可以接触到各种指标和数据。数据当然有用。但是，只有当你将数据与那些使用你的网站或产品的用户的反馈结合起来时，数据才会鲜活起来。你应该根据用户的反馈建立起综合指标。“展示人们的真实评论会更有说服力，”科尔曼说，“建立快速反应和跟进的工作流程来解决问题，就能将共情能力直接付诸行动！”
5. **使用以用户为中心的表达。**用“你”替换“我”。从用户的角度出发进行表达。
6. **创造出“那就是我”的奇妙时刻。**读者是否感到被关注、被认可、被理解了呢？让我们看一个提供虚拟助手服务的公司的客服页面。一个普通的宣传语是：“将你长长的待办事项转包给虚拟助手。”优化后的的宣传语是："每一个夜晚或周末，你是否都在回复电子邮件，无暇享受休闲时光？你的生活需要改变。"第一种表达没有问题。它提到了"长长的待办事项"，这会与读者之间产生一种连接。但是，第二种表达直接让读者看到了自己，给他们带来了情绪上的冲击。所以留给你的问题是：你是否为读者举起了一面镜子，让他们看到了自己？

付诸行动的极致共情能力

极致共情能力对于写销售推文、网站主页或登录页都至关重要。在这些文案中，我们需要非常具体地说出我们能为用户提供的价值，而不仅是介绍我们为用户提供了什么。这是在线烹饪学校 Feast（现已改名 Foodist Kitchen）的联合创始人纳迪亚·埃格巴尔（Nadia Eghbal）的观点。

"用户不会出于要给你的公司帮忙而购买你的产品，"埃格巴尔说，"他们的购买原因只能是你的产品可以让他们的生活变得更美好。所以在出售产品或服务时，你需要让他们了解你会如何帮到他们。"

这家公司的主页从以公司为中心转变为了以用户为中心。

以公司为中心的宣传语是："学习更好的烹饪方法。"埃格巴尔指出这种表达方式过于笼统。怎么就更好了呢？对谁来说更好了呢？

以用户为中心的宣传语是："30 天内告别菜单，学会烹饪。"这个表述清楚地说明了参加烹饪课程的好处，还激发了用户对未来更好的自己的期待。

这种传递信息方式的转变让公司的销售额增长了 10 倍。

让用户有参与感的最好办法就是谈论他们，而不是谈论你。

13

写作之前想清 3 个问题

“重要的不是怎么写，而是怎么想。”《纽约客》前编辑罗伯特·曼科夫（Robert Mankoff）[①] 说，“我经常被那些想向《纽约客》投稿的人问到如何获得灵感。说实话，真没什么诀窍，就是要能想到。”

曼科夫提出要“三思而行”。这个原则揭示了一个有关写作的基本事实：对你想要表达的东西，想得越多就越容易表达。

先想好要说什么，再想怎么去说。这听起来似乎是理所当然的。可是，我们很多人往往会忽略第一步。我们总是会直接冲入水中艰难前行，继而很快就发现水太深，于是慌不择路，同时问自己：“我怎么就到这儿了？”

“如果我感到拧巴，通常都与写作无关，还是想法有问题。我根本没有想清楚到底要讲怎样的故事，”营销人道格·凯斯勒（Doug Kessler）对我说，“所以，前期做好研究或者写出提纲就是我的解决之道。如果我已胸有成竹，但整个人没精神、昏昏欲睡或者脾气暴躁，那我会先休息一会儿，睡个觉、洗个澡、喝点东西或者出门散个步。”

接着，凯斯勒说出了一句我特别喜欢的话：“1 小时的头脑清晰抵得上 5 小时的混沌迷茫。”

对写作者来说，写作意味着弄清楚自己的所思所想。也许你也一样是在写作的过程中挖掘和发展想法的。或许，你直到水漫到膝盖才会清楚地意识到自己想写什么。如果是这样的情况，那么“三思而行”会适得其反吗？

其实不会。“三思”是指你对文章的主题和走向有一个大致的想法。

我们往往对某个想法思考不够，或是没有想清楚用来支撑主题的论据。“三思

① Robert Mankoff, “Inking and Thinking,” *New Yorker* blog, June 16, 2010.

而行”会让你先记录下想法，而后发现主题和支持主题的论据。

“三思而行”意味着通过以下 3 个问题来找关键点：

1. 我创作这个的目的是什么？
2. 我对这个主题的核心观点是什么？
3. 这个对用户有什么用？

接着，用一句话表达你的关键点。这个关键点可能就会成为你的标题。在写作过程中，你可能还会想到更好的标题。

我在写本书时，会在文档开头写出自己的主题句：这是一本帮你持续输出高质量内容的写作指南，因为我们生活在一个人人都在写的世界里。

听上去并不那么有趣，但是它会帮助我完成工作。

技巧分享

趁着拖延的契机思考

我的“三思而行”往往出现在我拖延的时候。

当我该写作的时候，我却在做别的事。我支付了所有的账单，刷完了一直没有来得及看的剧，花时间看手机，决定为晚餐做一道步骤复杂的菜……

你也这样吗，我的拖延症患者朋友？我看到你了哦！

总之，你会想尽办法拖来拖去，就是不开始写东西。

就在你支付账单、疯狂刷剧的间隙，你的脑袋里有了一些想法。

你一直在想挥之不去的一些经历，又或是一段对话。写下那些透着智慧的只言片语或是还不太成熟的某个想法吧。

你在拖延，你也在思考。你孕育的想法胚胎开始长出四肢，生出细小却有力的肌肉。

所以，当你开始拖延的时候，不要对自己感到失望。相反，将其当作你思考的契机。

思考就是预写作，而预写作是正式写作的基础。

14

15 步构建内容框架

好的写作就像数学一样，自有它的逻辑和结构。

一切皆在作者的掌控之中，引导着读者走在一条清晰易懂的光明大道，其中没有含混的用词和任何让读者感到磕磕绊绊的东西。

好的写作没有什么公式。但是，它的确有一个基本架构。

组织一篇文章的方式当然不止一种。

我会将自己想要表达的主题写在文档开头，接着，我会列出与我的主题相关的关键点。然后，我会回过头来，用一两个句子进一步阐述想法，形成段落。接下来，我会调整段落的位置，并在段落之间增加起承转合的连接，让行文流畅。换句话说，我会列清单。

列清单不会像开始写作那样令人生畏。

你会为列购物清单、待办事项清单、圣诞节的许愿单而感到束手无策吗？我不会。

你列清单的方式或许有所不同，你可能会使用思维导图、流程图、记事卡、便利贴、白板和马克笔。

J. K. 罗琳用坐标图纸和圆珠笔勾勒出了第一部小说《哈利 · 波特与魔法石》。营销人安迪 · 克雷斯托迪纳（Andy Crestodina）会先写出大纲，继而以要点作为标题，通过填空的方式充实内容框架。

有时候，伟大的作品不是写出来的，而是组装起来的。

选择什么样的组装方式并不重要。关键是要通过一个固定的框架让自己时刻紧扣主题、条理清晰。与此同时，你可以预知接下来要写什么，就会产生写作动力。

以下是为你提供的 15 步构建内容框架的方法。在每一步方法后面会以网络隐私这个主题举例。

技巧分享

15 步构建内容框架[①]

1. 测试。测试你对隐私的保护能力。
2. 怀疑。你是否不会保护自己的隐私?
3. 解释。用浅显直白的语言解释网上有关隐私的讨论。
4. 案例研究。通过案例，探讨如何能够保护个人隐私。
5. 逆向思维。为什么说网络隐私的问题被夸大了?
6. 操作指南。提供保护网络隐私的 5 大步骤、保护网络隐私的 3 个简单小技巧。
7. 如何避免。警惕破坏网络隐私的 5 种方式。
8. 第一人称。“我”遭遇过的网络隐私的惊悚故事。
9. 对比。隐私保护服务测评。
10. 问与答。马克・扎克伯格解答有关网络隐私的 5 个常见问题。
11. 数据。网络隐私问题是否在恶化? 或许是，研究数据怎么说?
12. 有影响力的人。根据网络隐私研究专家的意见，你现在应该立即做什么来保护个人隐私?
13. 跳出来看。为什么网络隐私是一个伪命题?
14. 行业秘密。对于你的网络隐私，你应该知道的一件事。
15. 文学手法。在线的有关隐私的诗句、名言、影视剧、寓言。天空是你的想象极限!

---

① 部分改编自保罗・吉林（Paul Gillin）的演讲《创造他们刚好想要读的东西：如何在社交网络上写作》（*Create Stuff They've Just Gotta Read: How to Write for #SocialNetworks*）。

15

在写作中轻松起头

如果你就是没法在写作中起头，怎么办呢？

写作瓶颈是写作中老掉牙的借口。我不相信有写作瓶颈这回事。一如记者罗杰·西蒙（Roger Simon）所说："我父亲就从来没有过什么卡车司机瓶颈。"①

所谓的写作瓶颈源于不知道要从哪里入手的恐惧和焦虑。恐惧和焦虑会在我们敲下第一个字之前就阻止我们进行写作。

所以，我不相信所谓的写作瓶颈，但我相信写作者的逃避，我相信写作者的混日子和找借口。

拖延也是写作过程的一部分。

写作 GPS 有助于激发灵感。但到了某个阶段，你必须开始动笔。

作家约翰·麦克菲（John McPhee）建议直接敲下"亲爱的妈妈"来消除我们对一页空白的恐惧。当然，你也可以敲下"你好，爸爸"或是"亲爱的"，又或者就是两个字"你好"。

随后你可以想想你的读者，你的佩图尼娅。切记不是没有名字、没有面孔的"读者人群"。此刻，请想一位无论你有什么样的缺点都会爱你的人，一个不会评判你的人。

这样，你在键盘前会放松起来，你起头的声音听上去会更轻松自然。

① Chip Scanlan, "Being Blocked Is Part of the Process," Poynter.

16
通过删减直奔主题

我们常常需要很长时间才能写出一篇文章。我们总会铺垫太多的背景介绍，过度交代细节而使文章显得冗长，绕来绕去就是不直奔主题。

我大学时期的一位教授真的会用剪刀将学生们打印出来的文章剪掉第一段或前两段。看到被剪掉开头的文章，我们确实会大吃一惊。但是，我们不得不承认，被她咔嚓剪掉那部分一点儿也没有影响文章的主题，反而极大地改善了读者对文章的第一印象。

当你写下一篇文章的时候，不妨也考虑一下：开篇需要“修剪”吗？需要整段剪掉吗？这么做是否更能吸引读者？

我们一起来看一篇关于如何在 YouTube 进行营销的文章，它未经编辑的前几段内容是这样的：

写作进阶

第一稿

随着 Web 2.0 时代的繁荣和社交媒体的崛起，众多公司将广告投放到社交媒体，如 Facebook 和 Twitter，以此来推广自身的业务。

很多公司通过打造官方社交媒体吸引大众，取得了巨大成功，只有一小部分公司使用 YouTube 这个渠道。

让我们看一看真实数据。

YouTube 是全球第 × 大搜索引擎，它每个月的访问量超过 × 人次，每个月的视频观看时长约达到 × 小时。

现在，让我们剪掉整个第一段，同时对文字做简单编辑：

写作进阶

第二稿

很多公司已经通过诸如 Facebook 和 Twitter 这样的社交媒体成功吸引到了他们的用户。只有一小部分公司使用 YouTube 这个渠道。

YouTube 是全球第 × 大搜索引擎，它每个月的访问量超过 × 人次，每个月的视频观看时长达到 × 小时。

让我们再来看一篇让营销人产生共鸣的文章。先来看修改前的第一稿：

写作进阶

第一稿：《为营销流水线画上句号》

无论身处什么行业或担任什么职位，我们都希望自己的工作是有意义的。没有人愿意天天被人唠叨着要做什么，或是日复一日地走过场，重复做同样的事。我们需要制定策略、做出重大决策并尝试各种可能性，这样我们才能真正感到投入。

然而，如果我们在某些时候不能主宰自己的命运，那么我们的工作如何能做得出色？

这对营销人来说尤其复杂。事实上，营销的范围已经被大大拓展了。

我发觉自己所在的团队只是在接受命令，跟着别人的节奏前进；或者忙于应对各种没完没了的要求；又或者我们忙碌了数周或数月完成了一个大型项目，结果却因为这样或那样的原因被修改或取消。

我相信我的营销团队的同事们会有同感。以下场景或话语对你来说是否十分熟悉？

走廊上碰面的问候变成了“为什么某个功能或产品没有在公司网站上突出展示”的质问。

定稿的设计作品接到的反馈意见是：“你能让它再突出一点吗？”

一位同事来到营销部，强烈建议你做一个他们想出来的新活动或他们参加过的某个活动。

公司里有人质疑：“为什么在用 Google 搜索我们公司时，会出现其他竞争对手的网站？你为什么没有联系 Google 解决这个问题？”

开会时有人问你：“有没有考虑过优化搜索引擎？”

上司说：“我需要你放下手头的所有工作，先完成这项任务。”

第一段并没有什么实质性内容，第二段还行……请看删减后的第二稿：

写作进阶

第二稿：《为营销流水线画上句号》

~~无论身处什么行业或担任什么职位，我们都希望自己的工作是有意义的。没有人愿意天天被人唠叨着要做什么，或是日复一日地走过场，重复做同样的事。我们需要制定策略、做出重大决策并尝试各种可能性，这样我们才能真正感到投入。~~

~~然而，~~如果我们在某些时候不能主宰自己的命运，那么我们的工作如何能做得出色？

~~这对营销人来说尤其复杂。事实上，营销的范围已经被大大拓展了。~~

~~我发觉自己所在的团队只是在接受命令，跟着别人的节奏前进；或者忙于应对各种没完没了的要求；又或者我们忙碌了数周或数月完成了一个大型项目，结果却因为这样或那样的原因被修改或取消。~~

~~我相信我的营销团队的同事们会有同感。~~以下场景或话语对你来说是否十分熟悉？

走廊上碰面的问候变成了“为什么某个功能或产品没有在公司网站上突出展示”的质问。

定稿的设计作品接到的反馈意见是："你能让它再突出一点吗？"

一位同事来到营销部，强烈建议你做一个他们想出来的新活动或他们参加过的某个活动。

公司里有人质疑："为什么在用 Google 搜索我们公司时会出现其他竞争对手的网站？你为什么没有联系 Google 解决这个问题？"

开会时有人问你："有没有考虑过优化搜索引擎？"

上司说："我需要你放下手头的所有工作，先完成这项任务。"

还是不够好。让我们再调换一下内容的位置，来看看修改后的第三稿是不是更好：

写作进阶

第三稿：《为营销流水线画上句号》

以下场景或话语对你来说是否十分熟悉？

走廊上碰面的问候变成了"为什么某个功能或产品没有在公司网站上突出展示"的质问。

定稿的设计作品接到的反馈意见是："你能让它再突出一点吗？"

一位同事来到营销部，强烈建议你做一个他们想出来的新活动或他们参加过的某个活动。

公司里有人质疑："为什么在用 Google 搜索我们公司时会出现其他竞争对手的网站？你为什么没有联系 Google 解决这个问题？"

开会时有人问你："有没有考虑过优化搜索引擎？"

上司说："我需要你放下手头的所有工作，先完成这项任务。"

如果我们在某些时候不能主宰自己的命运，那么我们的工作如何能做得出色？

修改后的版本好多了！

17

在一句话中突出重点

我们总会在句子开头加一些修饰语、限定词，导致读者难以了解我们究竟想说什么。

每个句子都应该以主语（谁在做）加动词（做什么）开头。这是让你的写作更直接、更吸引人的最简单、快捷的方法。

每一句话首要的几个词应该给人一种友好的第一印象，鼓励读者继续阅读。这就像聚会上良好的第一印象会促进双方进一步交谈一样。

美国疾病控制与预防中心发布的指南在介绍段落的第一句话是："根据美国教育部 2006 年发布的《美国成人读写能力评估》，3 000 万美国成年人在基本阅读方面存在困难。"①

让我们分析拆解一下。这句话的主要意思是数千万的美国人没有完全具备识字能力，句子中的其他内容都是次要的。主题、关键词应放在句子开头，它们才是重中之重。

因此，这句话可以变成："3 000 万美国成年人在基本阅读方面存在困难。这一数据来自美国教育部 2006 年发布的《美国成人读写能力评估》。"

一旦你认识到将重要的词放在首位的力量，你就会发现如果把最好的字词放在最前面，那么所有的句子将更具表现力。同时，你也会知道为什么很多句子没能给读者留下良好的第一印象。

---

① "*Simply Put: A Guide for Creating Easy-to-Understand Materials*" (3rd ed.), Centers for Disease Control and Prevention, Atlanta, GA, April 2009.

18

发现和纠正语序不当

语序不当是我们最常犯的错误，当然也是最容易纠正的错误。语序不当是指一个词或短语放在句子中错误的位置，导致句子的意思可能因此而被改变，比如：

错误语序：雪莉看到了一只鸡和一只树懒，在去玩球的路上。

正确语序：雪莉在去玩球的路上，看到了一只鸡和一只树懒。

因为是雪莉要去玩球，而不是鸡或树懒要去玩球。

一旦你开始注意语序不当，你就会发现这种问题无处不在。在英语中，only 就是一个经常会被放错位置的单词，比如，用英语表达“只发布好的内容”：

错误语序：Only publish good content.

正确语序：Publish only good content.

再如，用英语表达“小猎犬只吃了 6 块南瓜饼干”：

错误语序：The Beagle only ate six pumpkin biscuits.

正确语序：The Beagle ate only six pumpkin biscuits.

因为第一个例子中的 only 是修饰“好的内容”，而不是修饰“发布”；第二个例子中的 only 是限定饼干的数量，而不是吃饼干的动作。

以下提供了两点建议，可以帮你轻松记住 only 在英语中的位置：

1. 在将 only 放在动词前时要三思：only 是否真的是修饰动词的？
2. 要将 only 放在它所要修饰和限定的词语前，以便尽可能清晰地表述实际发生的情况。

19

写开场白和结束语

请将特别的爱留给文章的开头与结尾，也就是开场白和结束语。开场白为整篇文章设定基调并吸引读者继续阅读；结束语让结束强而有力，给读者一种完成阅读的满足感。

“一个好的开头就像是在邀请对方参加一个派对，而一个好的结尾会让人想要待得更久一些。”撰稿人马修·斯蒂伯（Matthew Stibbe）说。[①]

你的开场白要吊起读者的胃口，吸引他们继续阅读。要做到这一点，开场白可以运用以下 10 个方法。

方法 1：将读者放进故事里。分享一段故事或轶事，直接将读者带入某种场景，让读者身临其境。比如：

> 那是一个清爽、明朗的秋日午后，大约一点半的光景。太阳挂在湛蓝的天空中。人群熙熙攘攘。想象一下你就在那里，想挤到人群中找到一个位置。你伸长脖子想看一眼，把手放在耳后想听清楚……此时，美国第 16 任总统走上讲台中央，开始发表讲话。[②]

方法 2：谈论一个会引发读者共鸣的问题。你可以描述这一问题所带来的痛苦，让读者有那么一刻真心觉得自己感同身受。比如，一篇关于在世界各地寻找最

---

① Matthew Stibbe, “Want to Write Well? Open with a Punch, Close with a Kick,” *Bad Language* (blog), accessed June 9, 2014.

② Ernest Nicastro, “Seven Score and Seven Years Ago: Writing Lessons We Can Learn from Lincoln’s Masterpiece,” MarketingProfs, April 27, 2010.

佳聚会场所的文章里这样写道：

你正在度假，准备放松一下。你知道想要真正地体验当地文化，最好的方式还是去酒吧或参加盛大的派对，在那里你可以和当地的居民一起狂欢。

方法3：为读者设置一个场景。让读者透过你的眼睛去看。比如我在一次营销活动文章里这样写道：

我正在达拉斯一家酒店里开会。房间后面的饮料台上放着几瓶澎泉汽水。汽水瓶是厚重的玻璃材质的，而不是塑料做的。汽水里面添加的是高品质蔗糖，而不是碎糖渣，也不是上千只小猫的甜蜜叹息。最令人好奇的是，瓶身包装上10、2、4三个数字如果用线连起来就是一个三角形图案。①

方法4：先问读者一个问题。当然，你要在文中解答这个问题。比如，我在网上出售二手家具的广告：

如何卖掉两张旧沙发？沙发布套的颜色与大便表情符号的颜色一模一样，悲催！②

但也不要过于频繁地用问句开头。要避免听上去像是午夜时分播放的沉闷的电视广告："你是否想过……"

方法5：引用一些听上去有些疯狂或有争议的数据。一开始就用一组会让读者震惊到坐直身子的统计数据吸引注意力。比如：

---

① Ann Handley, "What Marketing Can Learn from Dr Pepper's 10-2-4 Campaign".

② Ann Handley, "Pumpkin Spice Couches: A Case Study in the Power of Copywriting".

最近一项研究发现，有 1/3 的美国人在购买可穿戴的科技产品 6 个月内就会弃之不用。那么，为什么像耐克、百事和迪士尼这样的多元化公司还会将大量的资金投入科技产品当中呢？”①

方法 6：提供一个新奇的观点。新奇的观点会在读者的心中种下一颗好奇的种子。比如：

作为一片珍贵的创意雪花，我或许应该抱怨营销业务的数据至上。

方法 7：为读者分享一段个人趣闻。我曾在一篇尝试非常规营销策略的文章中用了一个奇怪的场景作为开头：

上周，我看到一只松鼠在吃比萨。它高高地坐在一棵刚刚开花的树上。

我觉得那是一棵红枫。松鼠被红色的鳞状芽覆盖着，就像是在激素爆发的春天里，树上长出了愤怒的青春痘。

那只松鼠对这一切都毫不关心。它只在意自己的比萨。它把比萨拿在手里，纤细的手指在比萨饼的两侧弯曲。这种拿法显然不太合适，就像用刀叉来吃糖果一样。不过，至少它没有把比萨的尖角朝外。

它小口小口地咬着。或许，这就是松鼠平常吃东西的样子。

此情此景很难不让人产生联想，这只松鼠并非仅仅在进食，它更像在细细品尝手中的比萨。

我看了好一会儿，心里有很多疑问：这个比萨有哪些配料？松鼠对菠萝比萨有什么看法？松鼠只订了一块还是一整张呢？是谁送货到树的呢？②

---

① Leah Hunter, “Are Wearables Over?,” *Fast Company*, accessed June 9, 2014.

② Ann Handley, “TA #86: Taking Risks in Marketing without Losing Your Job; 15 Writing Lessons from Famous Authors,” *Total Annarchy*, May 9, 2021.

方法 8：打一个比方或作隐喻。文章的开头就像是一个人的眉毛。只有当它看上去很好或很糟的时候，你才会注意到它。这是营销人迈克尔·布伦纳说的。

方法 9：从引用开始。在一段广告中，我引用了一首改编的海边渔村民谣作为开头：

> 从前，有一艘船出海了。
>
> 这条船的名字叫 Bee-Too-Bee。
>
> 世界上第一个 B2B 海边渔村民谣活动开场了，这是一首老式海边渔村民谣的混音版，如今首次亮相。①

方法 10：虚晃一招。读者以为你在谈论某件事，你却突然转向另一个完全不同的主题，比如我是这样做的：

> 2020 年秋季，我们经历了一场充满争议、两极分化且绝对非理性的选举，一位自以为是的挑战者试图推翻一个自我膨胀的现任者。社交媒体也在站队。它们一贯吹嘘自己力推的候选人最合格、最熟练，是你唯一的选择。我说的是“胖熊周”。“胖熊周”是一场一年一度的竞赛，这场竞赛要选举出：究竟阿拉斯加卡特迈国家公园和自然保护区内的哪一只棕熊是最胖的？②

开场白要串起最重要的词。结束语的重要性紧随其后。

结束语要强劲有力，并适时进行呼吁或发起号召。结束语要给人一种完整感，不要戛然而止，就好似音乐突然停下，而你的读者依然尴尬地站在舞池中央；也不要草草收场，就好像你的精力已经耗尽。

当然，你也可以向读者提出问题或发起挑战：那么，你怎么看呢？这显然是简

---

① Ann Handley, “TA #84: The World’s First B2B Sea Shanty; One Simple Way to Revive an Apathetic Audience,” *Total Annarchy*, April 11, 2021.

② Ann Handley, “Copywriting Counsel from an Unbearable Campaign”.

单易行的办法，但它也相当基础，属于万不得已的一个选择。用于结束语的好方法有以下 4 个。

方法 1：再次点明读者的重大收获。重申文章的要点，不是重复，而是综合概括。我在一篇关于如何应对社交媒体“黑粉”的推文中这样写道：

> 卡拉·西科泰利（Carla Ciccotelli）撰文为品牌方如何应对“黑粉”出谋划策。我最喜欢的一句话是“在处理用户投诉时，要从大局考虑公开投诉对品牌的整体影响”。我喜欢她的大局思维，既会让公司明确自己的立场，又明确表示不会容忍什么。①

方法 2：邀请读者探索更多的内容以获得更深入的见解。让读者有机会接触到其他相关的模板、清单或指南。

文案清单示例：

> 准备好成为更好的服务员了吗？下载免费的成为出色的餐厅服务员的 30 种方法清单，立即赚取更多的小费。②

播客文案示例：

> 从事过服务业的人可能都会对小费制度有自己的看法。无论是否受过大学教育，这都是一个极好的挣钱方法。不过，客人和服务员也都留意到该制度的弊端。我们在“无小费餐厅”一集中讨论过相关内容。您可以随时随地通过我们的播客获取新信息。敬请订阅我们的栏目，不错失任何一集。③

---

① Ann Handley, “Honey Maid Takes on Haters, and Now I Want Graham Crackers”.

② Amanda McNamara, “How to Be a Good Server (and Make More Tips!),” *On the Line* (blog).

③ Dahlia Snaiderman, “How Two Restaurants Are Thriving on a Gratuity-Free, Profit-Sharing Model” [podcast], *On the Line* (blog).

方法 3：增添惊喜。马修·斯蒂伯建议："如果语气一直很正式，那就不妨轻松一下。反之亦然。"

方法 4：让别人说了算。如果你为了一篇文章采访了某人，你可以直接引用对方的表述作为结尾。多伦多无声电影节在 Instagram 上发布的活动宣传上，我将收尾的话语权留给了电影节的总监雪莉·休斯（Shirley Hughes）：

> 当青少年们看完 1925 年由道格拉斯·费尔班克斯（Douglas Fairbanks）主演的《黑海盗》（*The Black Pirate*）后走出放映厅，兴奋地大叫"太酷了"时，你就知道自己做对了。[①]

① Ann Handley, "How to Use Instagram in a Genius Way".

20
用文字营造场景

我感到自己正在被监视、被跟踪。

他像忍者一样悄无声息，似乎也像忍者一样无处不在。

我常常还没看见他，就感觉到了他的存在。我本以为自己是一个人进了房间，但随后我猛地转身——他的身影出现在门口，被走廊里的黄色灯光照亮。“嗨，你还好吗？我就是一直在看你。”

他的腿有 15 厘米长——太短了，感觉他要是不在中途打个盹儿休息一下是没法爬到二楼的。他停下哭了。

在那一刻，他看上去、听上去更像是一个装载了娃娃语音芯片的超大玩偶。

这是 TikTok 上流行的挑战游戏：“不要直接告诉我”。

这个游戏的重点在于创造戏剧性效果，暗示一些线索。

当你稍加思考，你会发现它作为一项挑战游戏其实也是一个很不错的写作建议。

“不要直接告诉我”是赋予你的文案生动而有力量的脉搏的最快途径。它是在读者脑海中描绘出一个画面的最佳方式，它运用动作、感官和情感去描述，而非用以往那样毫无生气的方式。

它简直是契诃夫提出的写作建议的现代版：“不要直接告诉我月光闪烁，而是给我展示照射在碎玻璃上的点点微光。”

“不要直接告诉我”让我们不再从自己所见的角度表达，让我们进入读者的大脑。

换句话说，是展示给用户，为什么这些东西对他们很重要。

让我们来看几个具体例子，先看三组主页文案示例。

直接告诉我：即食亚洲酱汁和香料。

不要直接告诉我：认识你即将放在厨房里的新原料。

第一句简单直接地说明了是什么东西；第二句在邀请你展开想象。

直接告诉我：每月定制的、有主题的小狗玩具和零食。

不要直接告诉我：给你家的狗狗它们最想要的。

第二句会让读者感受到销售宠物装备公司的专业性，确切地知道什么会让你家的狗狗开心，尽管它们根本不会写玩具和零食的愿望清单。

直接告诉我：面向企业用户的网页内容策划服务。

不要直接告诉我：“嗨，你好。你一定是来这里制定网页内容的，对吗？我们可以提供帮助！”

第二句以友好、对话的口吻直接与潜在用户打交道。你能够感受到和这家公司合作会是一种什么样的感觉。即使你面对的是一家颇具规模的公司，但你会感觉是在和某个人交谈。

再看一组推文标题示例。

直接告诉我：介绍我们最新的产品。

不要直接告诉我：我们最新的产品将帮助您拓展全球销售业务。

第二句通过一个细小的调整——加上“帮助您拓展全球销售业务”，可以让以公司为中心的标题突然与读者取得关联性。

下面是一组产品文案示例。

直接告诉我：可以快速创建并发送的点播演示视频。

不要直接告诉我：远距离传送演示视频。

第一句没有点明快速创建演示视频对个人来说有什么真正的好处，而第二句从用户视角点明了适用场景。

图 20-1 是订阅邮件里的示例。

直接告诉我：滑雪板爱好者的终极头盔。

不要直接告诉我：你只有一个大脑。

“安全”不是你可以真正看到或感觉到的东西。但是，如果说“保护你不把头撞到树上”，那么你是能看到那个画面的。

图 20-1 头盔订阅邮件

继续看一组推文中的宣传语示例。

直接告诉我：Clubhouse 是非常适合专业人士在线社交的完美平台。

不要直接告诉我：在 Clubhouse 平台，每个人都在递出自己的名片。Clubhouse 是一个为那些无法参加现场会议的人准备的空间。

第二句描绘出了一幅图画，不是吗？每个人都在递出自己的名片，这恰恰是社交软件 Clubhouse 所扮演的角色。

下面是一组“关于我们”页面示例。

直接告诉我：以您信赖的价格购买可靠的汽车。

不要直接告诉我：用户是成年人而不是冤大头。

第二句可以让人体会到这家租车公司会为用户着想。

最后看一组致股东的信示例。

直接告诉我：让我们看看伯克希尔－哈撒韦公司的表现。

不要直接告诉我：让我们看看你拥有什么。

第二句强调的不是“我管理的”或“我掌控的”，而是说“你”作为股东拥有什么。

通过上述示例，我们可以进一步思考：如何将用户带入你正在输出的内容之中，确保他们在其中看到了自己？

如果你的产品和你的用户之间需要连接点，请将它们一个个连接起来！

技巧分享

让具体带来真实感和趣味

用文字营造场景的一个方法是尽可能具体。

给出具体的东西，提供足够的细节，让读者在脑海中能看到画面。

唯有具体才能描绘，唯有细节才能促成行动，才能让我们更生动地想象。

要具体到可信，普遍到可信。

作家纳塔莉·戈德伯格（Natalie Goldberg）将添加细节表述为给予事物“命名的尊严”。“花”不如“海棠花”，“狗”不如“一只名叫卡尔的胖哈巴狗”，“餐车”不如“越南风味三明治餐车”，“舞蹈班”不如“爵士舞班”，“我们的用户”不如“来自财务部的梅布尔”。

给一个特定的东西命名其实是一件有趣的事情。有趣的信息会隐藏在命名中，被读者接收到。

21

让用户觉得非常有趣

几年前，一封来自 BARK 公司的营销邮件出现在我的收件箱里。BARK 公司的总部位于纽约，旗下的两个品牌 BarkBox 和 BarkShop 主要面向爱狗人士出售宠物狗玩具和零食。

那封邮件有趣的地方在于，会用拟人化的手法描述不同狗狗的个性特征。BarkBox 会根据狗狗的个性特征匹配膳食补充剂。

比如，有着焦虑小眼神的神经质狗狗马里斯（见图 21-1）需要放轻松。BarkBox 表示，马里斯可能会从含有 9 毫克初乳镇静复合物的零食中受益。

再来认识一下宝拉（见图 21-2）。她做事有条理、务实、比童子军还要准备到位。宝拉是那种包里永远有零食、车里随时放着急救箱的妈妈。宝拉是你的紧急救援专家——她知道紧急情况总会发生，毕竟生活就像脱轨的火车，总有意外发生。

辛迪（见图 21-3）活力十足，晚上 11 点准时上床睡觉，因为保证每晚 8 小时睡眠很重要。益生菌让这个女孩保持了有规律的排便，就像坐火车通勤一样准时准点。

最后，我们来认识一下卡尔（见图 21-4），这个团队的老爷爷。我想象这只胖乎乎的小哈巴狗穿着羊毛开衫，在 7 月最热的日子里喝着热扁豆汤。我想象他在房子里蹒跚走动，回避着妻子的询问。我听到他把电视音量调得很大。

但是，如果你不做宠物狗的生意，那你要如何才能写出有趣的内容呢？

我们暂且不谈 BARK 公司巧妙的用户分类，而是把重点放在这封邮件提供的一些幽默原则上。

原则 1：幽默基于真实。这些用户档案之所以引发共鸣，就在于它们全是真实的。我们都认识某个马里斯、某个宝拉或者某个卡尔。这些描述可能有点夸张，但它们不是卡通式的杜撰。它们让人感觉真切，因为可信所以能引发共鸣。

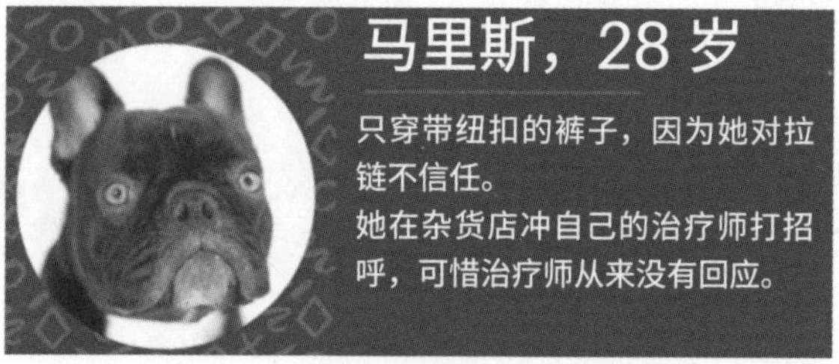

图 21-1　BarkBox 的广告之马里斯

图 21-2　BarBox 的广告之宝拉

图 21-3　BarBox 的广告之辛迪

图 21-4　BarBox 的广告之卡尔

原则 2：幽默是将真实夸张到荒诞。BARK 公司将狗想象成人类；有人类的疾病和焦虑；过着人类的生活，又是开车，又是喝汤，将“如果我们的宠物是人类”这个想法推向荒诞。

原则 3：幽默传达归属感。BARK 公司的目标用户是爱狗人士。不是养猫、养马、养鸟、养羊驼或者养大肚猪的人。如果你想“这封邮件并不好笑呀”，那你可能不是一个爱狗人士。爱狗人士会在邮件中看到自己宠物狗身上那可爱的怪癖。在更广泛的层面上来说，BARK 公司告诉用户，他们真正理解你家的小家伙，理解它的个性和精灵古怪。BARK 公司更传达出了一个深层次的信号：我们理解宠物狗，我们也理解你。BARK 公司知道自己的用户觉得狗狗就是家里的孩子。狗狗是家庭成员。主人会跟它们说话，为它们配音，不惜一切代价让它们拥有更快乐、长久的生活。这些狗狗是备受宠爱、被娇惯、被珍视着长大的。

原则 4：细节勾勒画面。我们在前文已经谈及这一点：选择用词要谨慎，因为细微之处方能体现幽默的生动。我最近发短信问我的朋友、喜剧作家蒂姆·沃什（Tim Washer）：“为什么具体的比笼统的更有趣呢？”蒂姆回复说：“即便是夸张，我们也需要一定程度上的现实的真实感。”没有细节，我们作为观众会“觉得自己只是在听一堆胡编乱造的东西，因此无法融入其中”。这就是为什么“小面包车”比“汽车”更有趣。“扁豆汤”比“汤”更有趣。“羊毛开衫”比“毛衣”更有趣。细节为读者勾勒出最生动的画面。

在本章一开始，我告诉你这封电子邮件是几年前收到的。几年了，我每周都会想起它。我把它保存在电脑的一个文件夹里，因为我每次读它都会忍俊不禁，也因为它为我们所有人提供了深刻的见解。

你可能会想，这封电子邮件除了让我欣赏，是否也激发了我的消费冲动呢？没错，我给我的宠物狗艾比买了关节保健的补充剂。它服用了 3 年，直到差 9 天 17 岁时去世。对一只猎犬来说，将近 17 岁是很了不起的长寿年龄。我想这也有 BarkBox 的广告的一份功劳。

22

运用精彩的比喻

保罗·德曼（Paul de Man）说：“比喻远比事实更持久。”

比喻有助于将宏大的概念形象化、大众化。明喻和隐喻是比喻的两种类型，具有相同的功能：

- 将难以理解的想法变得易于理解。
- 将数字或数据置于上下文中。
- 将抽象具体化。
- 以简洁有力、偶尔诗意的方式为文章增添色彩。
- 令人难忘。

比喻可以使狭小的内容“行李架”上多出表达的空间。它可以帮助我们更简洁地解释复杂的想法或情况。它可以帮助用户了解我们的工作或我们的产品，还可以帮助我们让用户加深印象。

让你的比喻更鲜明、令人难忘且富有趣味的方法有以下 6 个。

方法 1：自创。像蜜蜂一样忙碌，像大海捞针般困难，快乐得像个蛤蜊，这些都是我们大多数人耳熟能详的比喻。如果有一档智力竞赛节目，将一张 50 美元的钞票放在你面前做奖励，相信你会立即想出 10 个以上的比喻。但是要挑战自己，尝试提出一些不那么明显或套话的比喻。如何做到呢？请看下一项。

方法 2：描绘一幅图像。如果你说自己去年在欧洲获得了 842 个新用户。那么，你最好把这个数字放入具体的背景中：如果你邀请所有的新用户和你在欧洲相聚，那么他们肯定会挤满伦敦眼的观光舱。

方法 3：考虑具体的情境。戴维·塞达里斯（David Sedaris）在从印第安纳波利斯驾车前往圣路易斯时写道："蒂姆的 SUV 像一辆科内斯托加式篷车[①]，它竟然让眼前的这片土地看起来比实际上的更平坦。"

这个比喻太精彩了。它让人联想起一望无际的草原、向西迁移的开荒者——科内斯托加式篷车就是当时的房车。

如果戴维驱车穿越的是罗马尼亚，那么这种对比还会有效吗？可能效果不会那么好。只有当 SUV 奔跑在美国中西部时，科内斯托加式篷车的比喻才会真正落地。

方法 4：创造新鲜感。与其寻找一个耳熟能详的比喻，不如找到两个看似熟悉但并不相关的事物之间的联系。新鲜的、令人意想不到的联系会让人眼前一亮。

不要说"巨型南瓜的叶子很大"。最好说"叶子有垃圾桶盖那么大，完全遮住了和啤酒桶一般大的果实"。因为"很大"这个词太模糊了。而"垃圾桶"和"啤酒桶"都是我们日常熟悉的东西，但是在园艺的语境中提及它们，就显得足够新奇独特。

方法 5：将比喻延伸下去。如果你将巨型南瓜比作啤酒桶，那么在语言上也要延伸这个比喻。比如，你可以描绘园丁为植物施肥，就像调酒师为客人倒上一杯威士忌那样。

然而，务必注意适度——过度使用会显得刻意且矫揉造作。不过，一两处恰当的呼应可以让比喻接地气。

方法 6：信号归属。用"有 4 个足球场那么大"来形容一个场地很大没问题，它比模糊的"很大"多点描述性，但就是缺乏创意。

然而，在面对美国中西部地区的用户时，你可能需要再具体一些："它的面积之大，仿佛能将 4 个兰博球场并排放置。"

想一想：什么样的描述会让你的特定用户感到愉悦？什么样的比喻可以发送出"我们了解你，你属于这里"这样的信号？

以上的举例都是明喻，下面来介绍如何运用隐喻。

网络中立性（Net Nuetrality）原则是指互联网的服务商必须平等对待所有的互

---

① 18 世纪末至 19 世纪在美国与加拿大广泛使用的一种重型宽轮篷车，由马、骡或牛拖拉，载重量可达 7 吨。——编者注

联网使用者，即不能基于内容、平台、目标地址等表现出歧视或区别收费。在美国，这个问题作为互联网上的用户和服务商之间的争论焦点总会定期出现在公众视野中。

网络中立性这个概念当然很重要，它几乎影响到每个人。然而，这个问题过于庞大、复杂，令人难以把握。这个概念是无形的——我很难想出一个合适的词来形容它。这或许也是它缺乏影响力的原因。

因此我们需要一个恰当的比喻来解释网络中立性。以快餐店汉堡王为例。在一次宣传活动中，汉堡王利用其招牌皇堡三明治来宣传网络中立性，提升公众对这一概念的认识。[①]

场景设置如下：在一家汉堡王餐厅的午餐繁忙时段，客人们站在一旁等餐。人群开始有些烦躁不安。等待皇堡三明治的时间长到了让人觉得不可思议的程度。客人们被告知，如果有人愿意多付 26 美元，那么他们可以快速取餐。或者如果更换套餐，那么可以立刻在快速通道取到鸡肉三明治或炸鸡柳！可是，没有人是为了炸鸡柳来的。这不是他们来汉堡王的目的。你能明显感觉到客人愤怒的情绪一下就被点燃了。

当然，这个故事背后的意思是：违反网络中立性会波及我们所有人，无论你身在哪个利益群体。

观察一下那些被告知需要支付正常价格 5 倍的价钱才能买到汉堡的人的表情。考虑一下操控传输时间的荒谬之处。这就是丰富隐喻的力量。如果我们会为一顿午餐生气发怒，那么你能想象如果有更大的事情发生，你会怎样吗？

有人在 YouTube 上评论说："当我们背弃网络中立性的时候，我睡着了；但是当我们背弃了皇堡三明治取餐的公平性时，我双目圆瞪、大动肝火。"

也有人在视频中评论说："皇堡三明治取餐让我了解了什么是网络中立性，"他的脸部肌肉微微扭曲，"尽管有点蠢。但的确如此。"

用一家快餐店来解释网络中立性似乎有些奇怪，但真的很贴切。

---

① "Whopper Neutrality | Burger King," YouTube, February 12, 2018.

23

添加感官描述

我们习惯于只传达我们看到的东西，就像新闻主播在早上通勤时报道交通一样。他们会不掺杂任何感情色彩地记录下汽车的数量，而不会关注汽车是怎么发声的、有什么气味。

当我们在文字中加入各种感官描述时，作品才会更出色、更丰富、更多彩。不仅仅是你的眼睛看到的，还有你听到的、闻到的、尝到的、触到的、感觉到的所有东西。

增添一两种感官描述会让你的文字呈现出富有生气的律动感。它让你的文字以一种发自肺腑的、可感知的方式鲜活起来，因为它能让你的读者更全然地沉浸在你所创造的世界中。

我最喜欢的一本书是 E. B. 怀特的《夏洛特的网》。部分原因就在于它简洁鲜活的文字。书中有一个段落是这样写的：

> 蟋蟀在草丛中歌唱。它们唱着夏日结束的歌曲，旋律单调而悲伤。“夏天已经过去了，过去了，过去了。夏日垂暮，垂暮。”一棵小枫树听到了蟋蟀的歌声，焦急得脸都红了。

E. B. 怀特运用自己的感官让我们置身于初秋的景象。他的描述不是干巴巴、毫无生气的天气预报。

这种描述是太文学化了，但我们可以从中学到，添加一种感官描述，文字会很容易就生动多彩起来。

24

让文章具有结构感

一位朋友让我看他正在写的一本书。他正在努力让行文变得更加流畅。其中有一段讲失败的商业模式，我的朋友写道：

写作进阶

第一稿

我们为什么要坚持用首飞前发明的一个模型，一个在互联网时代之前构想出来的想法，在火箭、潜艇、个人电脑、电视和收音机发明之前设计的框架呢？

很有互动性，但他的列举，诸如火箭、潜艇等则看上去有以下问题：

1. 时间顺序混乱。收音机的发明比电视机的发明要早。个人电脑的发明在它们之后。
2. 容易让人思路跑题。我在阅读时，思路一度飘离文本：“稍等，火箭是什么时候发明的呢？潜艇呢？是在第二次世界大战，还是在第一次世界大战？或是更早？

我们的大脑在寻找模式，比如，节奏、押韵、重复、平行结构，或在这种情况下从混乱中寻找秩序。模式有助于我们理解这个世界。

写作者从混乱中创造秩序。请在列举时，表现出明显的结构性。列举中提到的每一项都必须明确无误地与前后其他的项目有关联性。

此外，我觉得我的朋友还在这里错过了一个机会。他本可以选择一些与本书的目标读者，也就是精通数字技术的读者更相关的内容。还可以加入一点趣味性。实现这个想法更好的方法是：

1. 按时间顺序进行列举，让读者感受到事物的发展过程。
2. 使用更广为人知的时间标记。
3. 在故事背景下，将列举的项目替换为更能引起读者共鸣的东西。

参考上述方法编辑的新稿如下：

写作进阶

第二稿

为什么我们如此执着于亨利·福特的T型车出现之前就已经构想出来的模型，在飞机、电视、苹果电脑发明之前就已经设计出来的框架，在互联网出现之前的东西呢？

这些东西，从T型车、飞机、电视到苹果电脑，当然不是我们可以使用的唯一标记。但是在这里，在这本书及其读者群的背景中，这些东西就很有时代感。我想它的读者群对电视的发明时间大致有一个概念，也记得二代苹果电脑问世后所带来的幸福感。

我们的大脑渴望秩序——结构、模式和并行性。写作者的工作就是创造秩序。

你的工作是引导人们自信、清晰地抓住主要观点，是为你的读者照亮道路，并把路上的杂物和路障彻底清除。你不能成为一个糟糕的导游：带领着游客在模糊不清的道路上绕来绕去；强调无关紧要的细节；冒着扭伤脚踝的风险在坑坑洼洼的街道上游走。这样的导游会引发游客的焦虑。这样的写作者会引发读者的焦虑。

写作者表达得越清晰，读者就越有安全感。读者越放松，就越能自由地享受阅读之旅，因为他们确信写作者有能力把握好方向盘。

25

像你最喜欢的老师那样输出内容

我们在撰写操作指南类文章时，很容易产生一种教学式思维。

这种思维适用于任何类型的写作：从老师的角度解释和输出内容。

回想一下你最喜欢的老师。

你喜欢他的原因在于他热爱自己的本职工作；他关心你，希望你能学以致用。

你在写作时要提供论据、相关背景和严谨逻辑。

与此同时，你在写作时还要带上愉悦感，要能发现乐趣，让读者对工作的热爱闪耀光芒。

你在写作时不只是告诉读者你有什么感觉，还要说明你为什么会有这种感觉。不只是说明什么是有效的、起作用的，还要说明为什么会有效、起作用。

你在写作时要分享你的想法、你的心态和真正的自我。

也许，你觉得没有什么机会在写作中注入一点乐趣？

但是，我要告诉你，你有这种机会。

你，要做你读者心中最喜欢的老师。

26

不要写得简单，但要写得简洁

商业和生活一样复杂。产品需要解释的内容很多，概念也很复杂。

好的内容深知这一切，它会冷静地审视事物的复杂性和混乱性，而后像超人一样披上斗篷迎接挑战。

为了让内容更方便阅读，我总结了以下 8 个好方法。

方法 1：化繁为简，通俗易懂。

方法 2：磨掉企业“弗兰肯斯坦式”官方用语的粗糙边缘。

方法 3：逆向思维，找到最简洁、易于理解的表达。我在从事新闻工作时得到的一点智慧是：没有人会因为你让事情易于理解而埋怨你。简洁源于共情能力和用户视角。

方法 4：找到最适合的表达方式。文字应该更多还是更少？加上表格、图片或视觉效果会不会让表达更易于理解？高管需要出镜吗？哪里需要插入视频吗？

方法 5：减慢滚动条。网站访客大都只会阅读页面上 28% 的文字，有时甚至低至 20%。这是 2008 年的一项研究结果。考虑到当下生活的节奏，人们的注意力只会比 2008 年更分散。面对那些急不可耐拖拽滚动条的人，我们要对内容进行优化，以提高那 20% 的阅读率。比如，使用简洁的句子和段落。[①] 在格式上，注意清晰的文本层次结构，运用小标题、加粗、编号等方式来凸显层级。

方法 6：让留白为你的文字注入氧气。大段的文字会让人心生畏惧且不易抓住重点，尤其是在网上。读者会因为阅读困难而选择跳过。留白会为你精彩的文字提供呼吸空间。要让你的句子和段落有松弛感。内容越易于浏览，被阅读的次数也就越多。

---

① Jakob Nielsen, “How Little Do Users Read?,” Nielsen Norman Group, May 5, 2008.

方法 7：添加图片。添加图片对推文的重要性不言而喻。根据 Orbit Media 对社交媒体推文有效性的年度研究报告，包含 10 张以上图片的社交媒体推文的关注度几乎是普通文章的两倍。[①] 这听起来似乎很多。不过，请注意图片可以是从原创图表、视频、屏幕截图到引用截图的任何类型。互联网市场分析平台 BuzzSumo 建议当滚动条滚动一次，即翻过 75 ～ 100 个单词的时候，你就可以添加一个视觉效果。这个建议是基于对 100 万篇文章研究后提出的。按照这样的频率添加图片的文章转发率是含有较少图片文章的两倍。[②]

方法 8：文字设计。让文字本身成为你设计的主角。当网页设计师提议"缩小字体"来适应你的网页，其实已经为时已晚。内容与设计并无主次之分，两者缺一不可。它们是一体两面，是携手并进共同呈现一个整体的重要伙伴。

---

① "New Blogging Statistics: Survey of 1067 Bloggers Shows Which Content Strategies are Working in 2021," Orbit Media.

② "How to Massively Boost Your Blog Traffic With These 5 Awesome Image Stats," BuzzSumo, May 20, 2015.

27

找到一个写作伙伴进行头脑风暴

网上应该有一个专业平台，帮助写作者找到另外一位可以进行头脑风暴的写作伙伴。

可据我所知，目前还没有这种平台。

如果说写作是一项运动，那也是一个人做的运动。但有一个写作伙伴就像有人陪你一起训练一样。

你们可以互相激励，共同努力，创作出最佳作品。他是你最新草稿的第一位读者，会给出反馈。

你可以先在以下这些人群中找自己的写作伙伴：

- **朋友。**听上去似乎很合理，实施起来却最棘手。让朋友成为写作伙伴需要各方面的同步合拍。你们俩所做的事需要同步：都在写一本书，或者都是博主，或者是一个内容营销团队的同事。至少理想的状况是你们都在同一个行业，职业生涯的发展阶段也类似。你们互相欣赏、彼此尊重，愿意定期会面或时常联系，也愿意花时间互相指导。
- **同事、团队成员。**我所在的公司 MarketingProfs 曾经有一个内部项目，让营销团队成员结对子。他们每周互换文章，阅读对方的作品，提出建议，进行富有创造性的协同合作。每隔几个月，大家再重新结对子。采用这种方法的前提是有真正热爱本职工作、互相尊重、彼此支持的团队成员。同时，还需要得到高层管理人员的支持，他们必须认同良好的写作能力对于个人职业发展和品牌形象的至关重要性。很多有心的营销团队都尝试过实施这样的计划。然而，当每个人都变得非常忙碌时，这个计划就会落空。

- **社交媒体或写作社群。**你可以潜水、冲浪或者参与线上讨论，以寻找志同道合的写作伙伴。社交媒体上也有很多具有文学背景的写作团体。你可以通过在社交媒体上搜索特定标签来寻找你的写作伙伴。
- **写作者协会。**

28

在多人参与的写作中夺回主导权

身边有一位写作伙伴是很有帮助的，但背后有一个提意见的领导团队就不太妙了。

同事提建议不是件坏事。对我们大多数人来说，这是每天都会遇到的事。

问题的关键在于，不合理的建议会抹杀信息或作品的全部意图和个性。另外，如果建议过于强硬，也同样会造成问题。

有时领导团队的反馈既快又猛，每个人都有自己的观点，每个人都争先恐后地发表意见，让你觉得领导团队在进行论文答辩。

如何才能避免这种多人参与的写作呢？

我将这种多人参与的写作称为热狗式写作：通过各种消息传递、意见发布和思路挤压，你已无法分辨出它最初的样子了。

如果你写的东西需要得到领导团队的批准，那么以下建议可以帮你推进流程，并彻底拔下热狗式写作的插头。

建议 1：加强 3 大原则。确认领导团队理解你的意图、目标以及写作对象。领导团队最大的问题是对这 3 大原则缺乏清晰的认识。这使得领导团队在没有上下文的情况下审核一篇文章，并依据个人喜好给出反馈意见，比如“我就是不喜欢这个词”。

建议 2：将品牌声音当作保护者。品牌声音随时准备接住你，防止你彻底栽个大跟头。在开始工作之前，与团队成员就写作和品牌声音达成共识，这样大家才能步调一致地推进工作。你需要将细节告知领导团队，尤其是在他们对品牌声音并不熟悉的情况下。

建议 3：在开始写作之前，先列一个提纲。把提纲填满，越多越好，包括文章的骨架，也包括心、肺、中枢神经系统：整体结构、轶事、故事、示例、想法，以及你将参考的数据，将引用的专家和意见领袖的话语。它可能像一个怪物，但没关系，即使它是被拼凑起来的弗兰肯斯坦，但关键器官都有了。

建议 4：为审稿人设定明确的期望值和时间表。为避免领导团队自由发挥长达一周，要设定谁负责审核哪些部分，分别需要做什么。比如，用户端或负责营销的副总裁审查整体策略；法务部门在敏感问题上把握合法性；品牌部门权衡整体方法；专家要通读你在第二页上所写的复杂的技术细节；公关部门也要参与进来，保持信息同步。细分任务，责任到人总有好处。要让他们知道明确的截止日期，比如，周三结束之前必须提交所有的审核意见。

建议 5：寻求的是“同意”，而不是意见。与“如有意见，请告知”相比，“请批准”就更干脆利落，可能引发的修改意见就会少很多。

建议 6：设定评审的次数。一两次差不多了，次数不要过多。

建议 7：明确自己的角色。这一点很重要。就像你对他人设定期望一样，也要明确自己在审查过程中的角色。你也许会说：“我会参考你的意见，并根据品牌声音和策略进行整合。”也许可以更幽默一点。明确自己的角色会强化你的专业性。你可是既勇敢又专业的作品的最终撰写者。毕竟，这是你的底线！

热狗式写作最痛苦的部分就是有人对你的行文指手画脚。所以，你可以将任何关于特定措辞的争论踢到一边。

29

找一位熟悉你写作的编辑

写作者有署名权，自然会因为写作而获得很多赞誉。

但是在幕后，一位好的编辑就如同你的僚机飞行员，默默隐藏在主导飞机的机翼之后，他的职责是守护你，为你提供支持、指导和帮助。

还记得吗？我之前说过有两种人：自认为会写的人和自认为不会写的人。一位好的编辑能够充分挖掘这两种人的潜能。

最好的内容是协同合作的结果。写作需要编辑。

你应该编辑自己的作品。你也可以使用 AI 工具来改进文本。

但是，无论如何，你还是应该有一个真实的人工编辑。无论你的写作经验有多丰富，你都需要一位编辑。编辑会对语法、风格和标点符号严格把控。更重要的是，他们了解你的声音、你的怪癖、你的风格。他们知道你容易过度使用哪类词。他们知道什么时候要推你一把，因为你懒于行动或者满篇的套话。他们知道，当你使用一个不完整的句子时，是因为它能完美契合原本需要完整句子表达的语境。

这就是我为什么说，你需要找一位熟悉你写作的编辑。一位优秀的编辑并不是要纠正你的错误，而是要引导你完成最好的作品。

“优秀”是需要时间来培养的。我与同一个编辑合作了很久，差不多有 15 年了吧，如今，我们彼此依赖。没有他，我就没法发布东西。

其实，“不是你们彼此依赖，”我内心纠正道，“主要是你对他有一种健康的依赖。”

我把以上所说的编辑分为 3 大类：

1. **文字编辑 / 校对员：**清理问题、核对事实。他们在文本周围挥舞着一把扫帚，扫除凌乱的风格问题、标点符号、错别字、拼写错误等。

2. **内容编辑**：对文章进行深度阅读，提出如何改进某些部分以及扩展或压缩某些部分。他们对作品的整体结构、发展方向等进行把关。
3. **行文编辑**：梳理文章的语法、用词、段落和句子，确保文章的准确性和流畅性。有时，他们也会改写或重写。重点就在于他们知道哪里需要改变措辞，但同时又不掩盖作者的声音。

在大多数情况下，内容编辑和行文编辑是同一个人，要分别进行两轮编辑。

文字编辑和校对人员好找。而且，越来越多的 AI 工具能帮我们进行初步的文本梳理。

内容编辑和行文编辑不好找。他们需要具备理解概念和逻辑思考的能力，不仅要能俯瞰全局（概念），还要了解具体部分应该如何组织来配合全局（文章的逻辑）。

他们不仅需要深刻理解作者的意图，还要能够站在读者的角度思考问题。

此外，编辑人员还会对以下内容进行核查：

- 敏感性内容核查。修改内容中的偏见、刻板印象、误导性陈述等。
- 专业性内容核查。审查专业知识的准确性，同时也要将行话和技术用语表达得更易于理解。
- 事实核查。确认信息来源的准确性以及事实的确定性。通常，这也是文字编辑工作的一部分。

30

不要设定时间目标，要设定字数目标

管理学上有一句话："无法衡量则无法改进。"它强调了量化的关键作用。

记录每日完成的指标，可以让你追踪、庆祝自己的进步，并为此深感自豪。

设置每日写作目标如同是在智能健康手环上设置步数目标一样。随着时间的推移，你会成为一个更健康也更强大的写作者。

和戴智能健康手环一样，我们更应该关注写作的输出，也就是字数，而非投入的时间。即跟踪记录你每天的写作字数，而非你的写作时间。

盯着空白的页面和闪烁的光标 30 分钟，对你来说毫无用处且令人沮丧。

当手指在键盘上移动时，千万不要阻止自己的手指编排即兴的踢踏舞。

你确定的字数目标就是召唤。你来设定你的标准。

不久前，作家戴恩·桑德斯（Dane Sanders）在一年里为出版社兰登书屋写了两本畅销书。

写作一直是桑德斯的日常习惯。不过，他说一年之内完成两本书，让他觉得写作变成了一场沉重而艰难的行军。

在那段时间里，他甚至一度停下了写作。

为了重新点燃写作热情，他开始设定每日写作字数。他设置了一个易于实现的目标，一次就可以搞定。

"如果你刚刚开始日常写作，那么日产量 50 字就够了，相当于发一条社交媒体动态。"桑德斯说。

在接下来的几周里，你可以将自己的日产量提高到 250 字，再到 500 字，他建议道："继续努力，直到你不用太花力气就能一次最少写到 750 字。"

750 字大约是两页纸的内容。在写作圈里，这是一个神奇的数字，可以一直追溯到朱莉娅·卡梅伦（Julia Cameron）在著作《创意，是一笔灵魂交易》（*The*

Artist's Way）中提到的每日晨间笔记的字数。

桑德斯目前的写作保持在每日 1 000 字。他说："除非至少达到这个数量，否则这一天我都会不开心。每次完成这个目标，我都会为自己点赞。然后，我的写作世界就一切正常了。"

在一年的时间里，桑德斯写了差不多 1 500 页。

"我连续坚持了两年，写出来的字数比托尔斯泰的《战争与和平》还要多。"桑德斯说，"感觉还不错。"

31

要在写得顺利时结束一天的写作

很多写作者会在一天结束前匆忙赶工，只为完成手头的一篇文章。

其实，留下一些未完成的部分，将激发我们第二天的创作灵感。

我喜欢在写得很顺的时候停下来。

那时候，心里感觉棒极了！世界和谐美好！

因为我很清楚接下来要做什么。

在写得顺利时结束能给你一个起点。

它会让你在第二天接着开始，减少了你窝在沙发里刷手机、一直刷到晚饭时间的可能性。

32

截稿日期能推动你奋力写作

在动画片《玩具总动员 2》中，旧货商艾尔叫修理匠来修伍迪脱落的手臂。

艾尔问修理匠："修好需要多长时间？"

修理匠回答："艺术不能急于求成。"

的确如此，但在某些时候，你的确需要加快进度。否则，你的"艺术"会坐在沙发里吃薯条。无论你每天写多少字，无论你修改了多少稿，无论你用了多少个比喻句……你就是要在某个时间点彻底完成。没有回头路可走。一如达·芬奇所说："艺术作品从来没有完成的一天，只有被放弃的一天。"

我理解修理匠的观点——不能急于求成。我也是一个修改和编辑起来没完没了的人，我就是自己作品的"修理匠"。我还是一个拖延症患者和完美主义者。

这就是写作有意思的地方，既令人沮丧又令人敬畏。你可以随时修改、润色，总能想到办法让作品变得更好、更优雅、更有趣。

道格·凯斯勒说过一句名言："截稿日期是写作的万能润滑剂。"截稿日期会让你不能再拖，因为交稿的时间到了。

设定一个严格的截稿日期，然后坚决执行。对自己严格一点：不要让自己拖延，不要把截稿日期当作一个简单的建议或是假装自己忘得一干二净。

想一想你的任务要完成了，那就带着爱追赶截稿日期吧。

Everybody Writes

第二部分

写作精进法则

如何打磨内容

导读

大多数人认为“好的写作”等于“好的语法”。

不是这样的。

好的写作更多的关乎你的思考、重写、享受的乐趣、分享的快乐以及将注意力始终投放在读者身上。

这并不意味着语法和用词不重要。它们重要，但它们是次要的。这也是为什么这个部分是“第二”部分。

语法有点像《爱丽丝梦游仙境》里深不见底的兔子洞，一说起来就会没完没了，最终让人筋疲力尽。

我们不能落入兔子洞。

在接下来的几章里，我会讲解在商业写作中应该遵循的语法和用词规则。

这部分内容都是我的经验之谈。

33

使用真实的表达

我们现在使用的各种社交媒体的雏形，在 2000 年时就已经存在了，当时的形式是电子邮件列表、新闻组群、网页、博客和聊天室。

营销就此发生了改变。互联网第一次实现了品牌与消费者、消费者与消费者之间的大规模对话。1999 年，《互联网的本质》（*The Cluetrain Manifesto*）一书的作者写道："市场就是对话。"

突然之间，威廉·斯特伦克（William Strunk）和 E. B. 怀特早在几十年前写下的东西有了新的意义："以一种自然而然的方式写作……优先选择标准的表达方式，而不是刻意标新立异。"①

换句话说就是，为真实的人写作，用真实的表述，丢掉官腔，扔掉行话和流行语。

然而，几十年后的今天，我们的内容依然充斥着各种流行语。如果每次看到满是行话的文章都能得到 5 分钱，那么我现在肯定在位于摩纳哥的一所顶层公寓里，穿着百元大钞制成的拖鞋在写这篇文章。

行话就像胆固醇，有好有坏。

有时候，行话和流行语可以表达一种归属感，即你了解你的读者，并使用他们熟悉的语言。

但是，我们往往不会运用行话。我们会用行话来掩饰自己的不足和内心的焦虑。或者，我们会把行话作为商业用语来使用，尤其是在面向其他企业而非向消费者销售产品的时候。

---

① William Strunk Jr. and E. B. White, *The Elements of Style*, 4th ed. (Longman, 1999; originally published 1920).

事实上，没有什么 B2B 的销售，销售的对象永远都是人。

行话和流行语是内容的化学添加剂，偶尔使用一两个可能会有帮助，但用得太多就糟糕透了。

我相信我们大多数人都试图避免过度使用行话俚语。我们希望被理解。我们在内心深处希望可以回避行话。

好的写作出自一种善意。也就是说，我们要选择真实的话语，抵制行话和流行语的诱惑。

34

你不会对爱人说的话，也不要说给用户听

你会对自己的爱人说“谢谢你为我赋能”，还是会直接说“谢谢你给我信心和力量”？

你会对他说“我想跟你对齐颗粒度”，还是说“我想跟你深入、细致地沟通”？

在情人节当天，你会在卡片上写“我想做你的抓手”，还是会写“我将永远是你的依靠”？

源于技术的一些网络用语没有必要运用在人与人的交流上，否则听起来像机器人在说话。机械、单调，没有大脑，没有血肉，没有跳动的心脏。

你不会对爱人说的话，也不要说给用户听。

35

注意少用被动句

主动句表示句子的主语在执行动词所描述的动作。被动句则表示主语在接受该动作，即主语在被某个动作所影响。

一个被动句的例子：

> 对比萨店来说，TikTok 是流行的社交媒体营销渠道。如今，很多比萨的营销视频都被发布在了 TikTok 上。

同样一句话，用主动句进行表达可能是这样的：

> 对比萨店来说，TikTok 是流行的社交媒体营销渠道。如今很多比萨店都在 TikTok 上发布比萨的营销视频。

第一句话没有指明那些有关比萨的视频是谁发布的。究竟是谁呢，是做比萨的师傅，还是比萨自己？第二句话很明确地说明是比萨店在发送视频。

要使用主动句，少用被动句，因为：

1. 主动句能清楚地表明谁在做什么。它避免了被动句产生的歧义。
2. 主动句听起来更活泼、更生动。被动句往往听起来有点生硬和笨拙，就好像你刚刚开始学习一门语言。

被动句当然并非都不好，它在以下两种情况中适合使用：

1. 当你不知道谁是动作的执行者时。比如“我存放在休息室冰箱里的午餐被偷了”。
2. 当需要逃避责任时。我儿子 5 岁时有一天对我说：“你的太阳眼镜被弄坏了。”我问他：“是你弄坏的吗？”他面无表情地看着我，什么也没说。我很确定是他做的，但他从未亲口承认过。

36

避免不坚定的措辞

放弃那些不坚定地表示“想”的动词，使用坚定地表示“行动”的动词。

表示“想”的听上去比较干巴巴的弱势动词有：觉得、考虑、知道、理解、认为等。“想”这个动作是看不见摸不着的，发生在人的大脑内部。

表示“行动”的动词会描绘出你在外部世界更容易看到的行为。

不要说：如果说过去的一年有一件事让我们觉得需要做，那就是我们需要重新调整身体、大脑、心灵和自我期望。

尝试说：如果说过去的一年交给我们一件事，那就是我们需要重新调整身体、大脑、心灵和自我期望。

不要说：我们的创始人认为自己是一位变革者。

尝试说：我们的创始人搅动了变革的沸腾之锅。

当你在描述人们采取的行动或正在发生的事情时，请尽可能地使用强有力的、富有表现力的动词，因为它们会在读者的脑海中描绘出令人难忘的画面。你的句子会栩栩如生，跃然纸上。

不要说：在贝蒂阿姨的墓碑上放一个二维码可能不是明智之举。

尝试说：在贝蒂阿姨的墓碑上刻一个二维码可不是明智之举。

你需要巧妙地达到一个平衡。如果你描绘得过于生动了，那么可能属于过度写作，写得过于繁复庞杂，充斥着过多的信息。如此一来，你的作品会让人感觉像一幅荧光彩画。

37
减少冗余的副词

副词就像是穿在小狗身上的小毛衣。有些人会觉得那看上去很蠢，但如果恰到好处，效果也会很迷人。

有时候，我们需要这样的毛衣。让我们仔细分析一下。

先看什么是副词。

副词是可以修饰另外一个副词、动词、形容词或短语的词。在英语中，它通常（但不总是）以 ly 结尾。

副词的作用是为读者提供更多信息，比如某事是何时、何地或者以何种方式发生的。

写作手册通常对副词都不重视。有些人更是对之嗤之以鼻。还有人说副词是懒人才会使用的拐杖。

有时候，副词很有用，因为你的句子可能需要一点温度和个性——就像小狗身上穿的小毛衣。

但在以下情况下，我们需要减少冗余副词的使用：

- **你可以使用更强有力的动词。**不要使用副词 + 不坚定的动词的组合，而要使用更强劲的动词，并完全删除副词。
- **删除副词并不会改变句子的意思。**像“真的”“非常”这样的副词就属于这一类。你完全可以删除它们，而没有人会注意到它们的缺失。有一个带有杜撰色彩的建议是：“在每一次你想要写下‘非常’二字的时候用‘该死’来代替，这样一来，你的编辑就会帮你把它们统统删除干净，还原文章本色。”

但是，在以下的情况下，可以考虑使用副词：

- **你想强化一个动作或描述，尤其是在上下文不明确的时候。**比如：显然，我们需要一艘更大的船。“显然”修饰整个句子。如果没有它，这个句子就会变成“我们需要一艘更大的船”。以“显然”作为开头，会让人感受到一种沮丧或讽刺意味。
- **你想改变一个动作或一句话的意思，或者你想要增添惊喜、俏皮、好玩的意味。**
- **你想创造出句子的节奏，比如押韵、对仗。**
- **你只是想这么做。**我们很容易随心所欲地将一大把副词扔进句子中，就像从游行花车上往下扔糖果一样。

使用好副词的关键是从战略上考虑它的位置。一个甜蜜的副词可能正是让你的句子暖和一点的东西，就像大冷天小狗身上的那件小毛衣一样。

38

少用套话

商业语言通常是套话的垃圾填埋场。

懒惰的传播者开着装满套话的垃圾车，将大量的商业套话转化为文本，制造出堆积如山的垃圾短语。

也许，用懒惰来形容这些传播者并不公平。对于这些套话，他们会下意识、反射性地运用，并没有过多的考量或意图。

无论哪一种情况，效果都是一样的。套话通常是多余且空洞的，它们并不会给句子添彩。而我们要让出现的每一个词都发挥自身的价值。

当我们避免使用套话，转而使用有真情实感的文字时，我们的作品才会更有力量。

套话到底是什么呢？套话是一种被过度使用的明喻或隐喻的语言。它们不是原创的想法，而是一种陈腐的修辞手法。

套话曾经是新鲜的、原创的，写作者们以失控的方式使用了它们。随着时间的推移，套话变得像熟透的香蕉一样软烂和陈旧。

一句老生常谈可以增添简洁、多彩、永恒的魅力。偶尔用套话可以传递出普遍的真理。所以，对套话要千年一用。

那到底什么时候才能使用套话呢？当以下这两种情况都符合的时候：

1. 在文章中低频使用，仅用于调剂。
2. 表达内部人士的观点或对特定用户表示理解。

39

避免说教的措辞

避免使用你从父母或老师那里听来的语句做句子的开头。

尽量不用那些过分说教的言辞，因为这样会让人感到傲慢。

比如，不要使用“别忘了”“永远不要”“要记得”等。

避免使用“永远不要”是很难做到的。

毕竟写作者需要对某种实际存在的危险提出警告，比如“永远不要在浴缸附近使用卷发棒”。

规范化的指导性表达是一回事，独断、专横的表达则是另一回事。

在有益的建议和冗长乏味的说教之间，在教育性的引导与直截了当的专横命令之间，界限不好把握。

但是，在写作中，我们要意识到的确存在这样的界限。

我一直在尽可能地避免跨越这一界限。

Everybody Writes

第三部分

定位法则

如何设计品牌声音

导 读

在缅因州度假时，我在天气酷热的一天走进电影院观看了《玩具总动员 4》。那天实在太热了，我只好躲进电影院里去纳凉。

7 月电影院和其他室内场所一样空调开得温度特别低。当我头靠在躺椅的头枕上一动不动、吃着手旁的爆米花、喝着苏打水的时候，一阵寒意悄然来袭。突然间，我仿佛置身于 2 月的缅因州。

如果你和我一样是“玩具总动员”系列电影的“粉丝”，那么你真应该看看第 4 部。特别是如果你从事的是营销的工作，你还喜欢文字的话。在第 4 部中出现了一个新角色：盖比盖比。它原本是一个来自 20 世纪 50 年代的会说话的拉线玩偶。它拉弦式的声带缺陷让它的声音听上去一点儿也不像洋娃娃：有点嘶哑，怪怪的。因此，它被遗忘在一家古董店脏乱的角落深处 60 多年。

盖比盖比渴望修复自己的声音，希望有一个孩子能够永远爱它。当然，得到孩子的爱是每一个玩具的最高追求。这也是贯穿整个系列电影的主题。我不想剧透太多，总之，盖比盖比的声带被修好了。它的声音终于和所有拉线玩偶的声音一样了。

但是，当有一个孩子把它举起来并拉动线绳时，它说了什么呢？当它热切期盼了 60 多年的这一刻终于到来时，它会用自己接近完美的新声带说出什么呢？当一个名叫妮妮的女孩把它抱起来、凝视着它的脸、等待着它的发言时，它会说些什么呢？

说实话，我不大记得了。大概是说了一句：“嗨，我是盖比盖比，我们做朋友吧。”我之所以会不大记得，是因为它说的话和它说话的声音一点儿也不独特或令人难忘。

透过营销的角度来看。盖比盖比原本有那么几秒钟可以完全改变它的“前景”。

可惜，它没抓住。它说的话中规中矩，甚至有点儿无聊。结果，妮妮耸了耸肩，把它扔到了一边。

这样的事情，我看到的太多了。品牌、公司、组织、商店、图书馆、房地产经纪人、技术领袖、玩偶，它们常常更在意自己的形象，却很少留意自己的说话内容和说话方式。

我们打磨掉了原始有趣的部分，结果让自己和其他人毫无区别。

我们说出来的话都在别人的意料之中，成为自我定义的一部分。我们并没有讲述出使我们独一无二的伟大故事。

是你的故事让你与众不同。用自己沙哑的品牌声音讲述出自己的故事是你最重要的机会。

故事和声音是一个充满力量的组合，就像爆米花和苏打水。

让我们一起开始吧。

40

一个词就能传达品牌声音

不久前，我参观了一栋新落成的医院办公楼。它位于高速公路一侧看上去不起眼的一片开发区的中间。这栋大楼显然注重的是功能而非美观，可谓建筑界的“实用之作”。

我是第一次去那里。我在波士顿街道上摔倒后造成了肩袖撕裂，家庭医生将我转诊给那里的一位骨科医生。

当我走近大楼时，楼上悬挂的标示牌吸引了我的注意。骨科的英文用的竟然是一种古老的英式拼写 orthopaedics。

在这个现代建筑和干净的环境中，这种古老的拼写方式显得有些不寻常和出人意料。

会不会是一个不经意的拼写错误呢？是一个无心之举，还是这里的医学专家故意文绉绉显得与众不同？

“我要去看的医生不会是穿着长外套和马裤迎接我的吧？说不定还戴着一顶礼帽，像是安东尼·布里杰顿（Anthony Bridgerton）或是真人大小的蟋蟀吉米尼。”我一边胡思乱想一边走进了大厅。

那位医生会不会对我说：“哦，这位的亲爱女士，是发生了什么不幸之事让您在风和日丽的今天来到了这里？”

“哦，亲爱的先生，是我的肩膀让我很烦恼。”我在脑海中想象着，“或许，您能为我提供令人满意的解决方案？”

接着，他会拿起羽毛笔开处方。或许，他开的是苦艾草药剂。也有可能，他想让我做放血治疗？

可是，就在我踏进大楼的那一刻，所见之处与其他的医疗机构毫无差别。一进门就有一个标志告诉我无线网密码是 CALCIUM。

在这充满古英格兰风情的地方居然有无线网！真是令人意外！不过，骨科诊所的各位，既然设置了无线网，密码难道不应该用烙铁烙上去吗?

就诊的时候，接待我的医生并不是我想象中那样。他就是一位普通的现代医生。

骨科的英文拼写其实只是小事一桩，但正是这些最小的细节为品牌声音定下了基调。细微之处恰恰能够彰显一个品牌的独特之处，展现出品牌的个性，表达品牌的观点。

一些容易被忽视的细节往往正是塑造用户体验的关键所在，比如：

- 用户第一眼看到的网页画面或登录页。
- 用户打开第一封电子邮件时读到的问候语。
- 用户收到的第一份账单中的措辞。

设定品牌声音会让你的品牌与众不同，让你的品牌从一众竞争对手当中脱颖而出。品牌声音向外界展示了与你合作的感受，这是建立和维持用户关系的关键所在。

品牌声音绝非小事一桩。可惜，大多数公司并没有认识到它的重要性。

即使它们曾经有过有关品牌声音的操作指南，也常常被埋没在设计指南之中。大家的关注点都放在了如何设计品牌标志、选择颜色、调整字体大小和其他与品牌推广相关的事情上。

又或者，它们有关品牌声音的操作指南过于关注行文语法。这些操作指南孤零零地放在活页夹里被忽视和遗忘了。

很少有人会花时间思考亲切友好的品牌声音会对品牌提升起到多大的作用。但是，你很快就会拥有这个巨大又美好的优势！

41

什么是品牌声音

在文学作品中，声音是指作者通过遣词造句、写作风格等来表达人物或者作者自己的态度和观点。

在商业写作中，声音是指人们沟通的方式，也就是，我们写作的内容在用户的脑海中会产生的效果。

在一个内容过剩的时代，有自己独特的声音至关重要。

假设你走进了实体店，你会接收到店员、店内环境等所有信息。假设你去的不是一家实体店，而是在线购物网站，你要如何评判店铺的可信度呢？是的，通过网站内容所传达出的东西，用户会聆听到品牌声音。

品牌声音是你的营销渠道和销售资产在线上同每一位用户“交谈”的方式，是你在和用户的沟通中塑造品牌与用户关系的重点，从企业官方网站、公众号推文、电子邮件、脚本、新闻稿、产品手册、演示文稿、用户呼叫中心的文本等。

声音不在于说了什么，而在于是如何说的。同样一件事可以有不同的表达方式。比如，你需要芥末，你可以有 3 种语气：

“把芥末递过来。”

“你能把芥末递给我吗？”

“不好意思，麻烦问一下你有芥末吗？”

表达的区别全在于语气。你与用户沟通时也一样。你可以打开一个网站，将网站上公司的标志遮盖起来，通过读网站上的文字，感受这家网站的品牌声音。

如果没有标志，你能辨识出自己品牌的声音吗？你的用户能辨识出你品牌的声音吗？

42

设计品牌声音

Freaker USA（以下简称 Freaker）是美国一家制造和销售通用型饮料隔热套的公司。

在美国销售的饮料隔热套大多采用弹性泡沫塑料材料，有时在套子上印有公司标志或醉鬼的搞笑谚语，比如“来，准备好跌倒吧”。有一家公司如此描述它们的产品：

> 这款饮料隔热套可以延长您瓶装饮料的冷藏时间，并能最大限度地平铺折叠，方便随身携带。

再如：

> 我们的隔热套像手套一样完美贴合各种瓶瓶罐罐，比棕色的袋子更优雅。

或者这样的：

> 我们的产品采用最先进的双层真空隔热技术，让您的饮料始终保持冰冷状态。因此，即使是在烈日之下，您也可以享受到清爽的冰镇精酿啤酒。

接下来，让我们读一读 Freaker 的广告词：

> 你好，我是 Freaker！我拥有美丽动人的外观，全身采用弹性针织设计。这让我能够伸展自如，完美贴合各种啤酒瓶、运动杯、水杯以及装酒器！我会让你的双手免受冰冷饮料的伤害，让你的饮料始终保持清凉，更让你看起来时髦洋气！

是不一样，饮料隔热套在以第一人称的口吻宣扬属于自己的荣耀！

这样一种饮料隔热套的产品描述充满了个性，让你对 Freaker 这家古灵精怪的制造商有了认识。

现在，让我们导航前往 Freaker 网站上“关于我们”的页面。

> Freaker 已迅速发展成了能避免因拿了湿饮料瓶而用湿手握手的全球引领者。他们不只是向您推销他们广泛适配各类容器的产品，还邀请您参加他们的派对——一种全新生活方式的入门指南。Freaker 不是想迎风而上、快速致富，而是愿做漫长旅途中的背景音乐，伴随您的每一个美好瞬间。

现在让我们看一看成为 Freaker 的会员之后收到的欢迎邮件：

> 嘿，你好！想象我们正在彼此拥抱，我久久地抱着你并在你的耳边低声说道：“欢迎加入 Freaker 的团队。”
>
> 成为会员的你，会有什么新期待？

地球上的每一个品牌都希望自己有被大众认可的声音。即使剥离了诸如徽标、颜色等外在特征，你依然能够确切地知道这是哪个品牌。

从 Freaker 的品牌声音中，我们可以学到什么呢？

你的品牌可能并不销售为了防止用湿手握手而设计的具有弹性的饮料隔热套。你的品牌也不可能像 Freaker 在宣传上这样随心所欲。

但是，更广泛的意义在于定义“你是谁”“你不是谁”。

品牌声音与语法无关，与你所在企业的个性和特征有关。而这些个性和特征通过你所运用的语言来体现。

品牌声音反映出品牌的企业文化，能够与品牌想要接触的人群产生共鸣。

品牌声音反映出“你是谁”以及它喜欢与怎样的人打交道。

如果做得好，你独特的品牌声音将吸引志趣相投的人，同时筛选出那些不适合你和你所在企业的人。

以下是挖掘并运用文字表达出品牌声音的 4 个方法。

方法 1：定义你的品牌。品牌声音就源于你的品牌本身，它是你个性的文字体现。

是什么让你与众不同呢？是你的复杂精致、平易近人、好玩有趣、安全可靠、认真严肃、盛气凌人、可资信赖，还是你的乐于助人？请头脑风暴找出 4 个最能描述你的特征。你当然可以随心所欲地选择出符合自己个性的形容词。但是，我建议选择时有一些章法。

尼尔森·诺曼集团确定了品牌声音中语气的 4 个主要维度：[①]

1. **玩笑与严肃：**你的品牌会通过玩笑来吸引关注还是希望以一种更直接、更严肃的方式与用户进行交流？
2. **正式与休闲：**你是想要与用户保持一定距离的正式感，还是想要营造一种熟悉感？你倾向于提供权威的深入见解的可靠来源，还是更倾向于分享亲身实践得来的实用建议，让人感觉如同挚友的贴心推荐？
3. **尊敬与随意：**你是以礼貌、尊重的方式在和用户交流，还是你有点俏皮、活泼甚至古怪？
4. **热情洋溢与实事求是：**你会用“哦，天啊”这样的方式写邮件吗？还是说，你喜欢开门见山？

在这 4 个主要维度中，请确定你在每一个维度的位置。接着，在每一个维度选出一个最能定义你的品牌及其沟通方式的形容词。要特别具体，要找到能够反映“你究竟是谁”以及你希望他人如何看待你的词语。要写下来。

---

① Kate Moran, “The Four Dimensions of Tone of Voice,” Nielsen Norman Group, July 17, 2016.

我所在的 MarketingProfs 是一家进行营销培训和咨询的公司。它的 4 个形容词是：愉快、易接近、亲和力、聪明。

下面提供了一些品牌不应该有的声音：

- 避免选择“友好”“可靠”“诚实”这样的词。这些是所有公司应该具备的品质。
- 避免将表达复杂化。用拗口的词并不会让你加分。简洁很重要。
- 避免使用无意义的流行语，比如“前沿”“革命性”“前瞻性”等。

方法 2：将找出来的形容词变成一种风格。要围绕着主题词再开发出一些细节，让每一个词都真实有用。比如，你说品牌易接近，那么如何做到这一点呢？这一点又会如何帮助到你的用户呢？

用几句话或小故事来充实这些词，以 MarketingProfs 为例：

- 愉快：我们既不搞笑也不会表现得一本正经。我们只是希望人们在阅读我们的文字或体验我们的网站时面露微笑。
- 易接近：不那么正式，很随意。因为 MarketingProfs 旨在帮助营销人理解复杂的想法。
- 亲和力：我们是面向营销人进行营销的营销人，因此，我们希望尽我们所能地与用户建立联系。我们理解你，因为我们和你一样。
- 聪明：以通俗易懂的方式表达实际的内容。

方法 3：文字记录。我差不多是在写“品牌声音指南”。但是，我担心你会跳过去直接翻到下一章。“指南”听上去就让人觉得编纂起来很费劲，读上去也很无聊。其实并非如此。

让我们先给“指南”打打气。你确实需要用文字记录你的品牌声音。对大公司来说，这一点至关重要，因为文字内容不是由一两个人创作完成的。

对于正处于成长期且斗志昂扬的小公司来说，指南也很重要，即使你也许会觉得阅读品牌声音指南并不比阅读三角函数的历史有趣多少。

对规模较小的公司和初创公司来说，品牌声音通常是从创始人的个性及价值观中产生的。然而，一旦公司发展壮大，由一个营销团队接替创始人来发送公司邮件时，又会发生什么呢？到时候，你肯定特别高兴自己曾不厌其烦地用文字都写了下来。

大多数公司花费了大量时间来记录和描述品牌的视觉和听觉印象，而记录声音花的时间却很少。品牌声音指南并不是刻在石板上的圣言，而是一份可以实时更新的文件。你需要积极管理它，大约每季度检查一次。

Google 文档就很适合用来制作品牌声音指南，它易于使用且可以实时更新。或者，你可以创建一个简单的品牌声音表格。

以下是要放入你的品牌声音指南中的内容：

- 涵盖品牌的 4 个形容词。
- 这 4 个形容词的意思。
- 这 4 个形容词在语境中的实际运用。

我们将 MarketingProfs 上的品牌声音指南保存在 Google 文档中。它简洁明了，以我们自己品牌声音的风格写成，其中包含大量示例和参考资料，以说明我们在如何描述各种产品。

以下是其他可能添加到你的品牌声音指南中的内容：

- 代词。这看似是个小问题，实际上非常重要。

  许多公司在使用代词时非常随意，“你”“我”“他”混用。第一人称往往更亲切，语气更平易近人，第三人称则更冷漠和正式。根据你的品牌声音选择一个，并坚持下去。不要将它们换来换去。

- 公认的行话。我对行话持反对态度。但品牌声音中的行话可以表示共同的心态或传达知识的深度。

- 以经典为基础。采用著名的“风格指南”，如《芝加哥手册》（*The Chicago Manual of Style*）或《美联社风格指南》（*AP Style Guide*），然后在其基础上添加你自己的品牌声音指南。这样做的好处是，你能够覆盖基本的风格，省下精力处理对你来说更重要的事情。

使用品牌声音示意表（见表 42-1）能够直观地体现你公司的品牌声音。以 MarketingProfs 为例，我们便是通过这样的方式，简洁明了地体现出了我们的品牌声音。

表 42-1 品牌声音示意表

属性	描述	希望的呈现方式	不希望的呈现方式
愉快	我们希望人们尽可能多地微笑	你已经获得了一个潜在用户的电子邮件地址。现在没有什么能阻止你了！除了垃圾邮件陷阱和退信率。这就是为什么你需要电子邮件列表验证	如果你需要发送大量电子邮件，那么从你的 B2B 电子邮件列表中清除过时数据是一种最佳做法。以下是一些原因……
易接近	使用清晰的语言、简短的句子，避免使用流行语，保持轻松而不是保持正式	为创意而来，因恶作剧而留下	汇集教育和网络 B2B 营销的顶级创意
亲和力	温暖、亲切，注重人与人之间的交流。使用术语要谨慎。尽量使用“你”而不是“顾客”	你周四要做什么？想参加这次活动吗？	MarketingProfs 邀请 B2B 营销人参加一项特别计划……
聪明	以通俗易懂的方式表达实际的内容	如果你为一个全球品牌工作，你就会知道你需要向使用不同语言的用户进行营销	跨国企业都知道本土化内容是用户体验战略的关键部分

方法 4：重视不明显的营销场域。要让你的品牌声音贯穿始终，无处不在。

品牌声音不仅要在最明显的场域，比如企业网站主页和官方社交媒体首页，而且要在我们通常会忽略的场域。

接下来让我们看看展现品牌声音最重要的 4 个场域。

43

展现品牌声音的 4 个重要场域

有这样 4 个重要场域，可以让你的品牌声音像 Lady Gaga 的歌声一样清晰有力。

场域 1：微文案。微文案是指为你的读者和访客提供背景信息、操作指南或解释说明的文字。比如，出现在电子邮件底部的小字、错误提示、标题、服务条款和协议、加载页面、页脚、免责声明、按钮文案，或那些持续弹出的询问你是否接受网站使用 cookies 的消息。

微文案以其出其不意的特点成为传达品牌声音的一个主要场域。这些常被大多数公司忽略的一次性文案，实际上是展示品牌声音的绝佳机会。因为它们向读者提供了一些重要信息：如果这家公司对诸如电子邮件页脚之类的细节都如此关注，那么它一定非常在乎能否让我感到满意。

场域 2："关于我们"。这个板块会让网站的访客看到你如何重视自己的员工。它也是让访客和用户感受到自己受到重视的一个指标。请抓住这个绝好的机会大方地介绍自己，让大家看到你的品牌与其他竞争对手之间的区别。

场域 3：初次触点。你的用户和你的初次触点是什么时候？初次触点是一个较难明确界定的场域，它完全取决于你的访客会以什么样的方式和你产生联系。但是，有一些明显的地方可以考虑，比如你的订阅邮件列表登录页、公司网站主页、官方社交媒体的首页等。

场域 4：末次触点。用户与你的最后一次互动，比如购买后、注册后、转化后。末次触点是一个让用户为你们之间的互动感到愉快的机会。

它也是一个不太容易确定的场域。但是，你可以考虑用户购买结束后看到的感谢页面、确认登录页、网页或电子邮件的页脚、常见问题解答页面等。

从这 4 个重要场域开始与用户互动，逐字逐句地构建品牌声音。

44

为不同场景搭配不同的语气

品牌声音传达出品牌的特质。

品牌声音始终如一，在任何情况下都不会动摇。

然而，品牌声音的语气应该随着你想要传达的内容而灵活变化。

你的品牌声音也许是充满活力和俏皮可爱的。

但是，策划人阿哈瓦·莱布塔格（Ahava Leibtag）提醒道，如果一位用户因为某个服务问题而心生恼怒，那么“一封原本俏皮可爱的电子邮件，在另一种场景下也许会变成令人反感的败笔”。

以航空公司网络服务商 Gogo 公司为例。

这家公司成功保持了自己有趣、友好且平易近人的品牌声音，但根据不同的场景调整了语气。

Gogo 公司在说明他们是如何为用户提供高空互联网服务时，用一种夸张的语气来传达出有趣、友好的品牌声音。

它说：“您即将见证世界上第一个高空无线宽带网络的诞生。”

面对不同的情况，你表达的语气应有所调整，传达出你的真诚和共情。

在常见问题解答页面，它还是一如既往地保持着自己友好的品牌声音。

但是，语气从夸张转变为更有帮助性，传递出“我们可以提供帮助”的信息。

Gogo 公司很清楚访问这个页面的用户可能会因为无法完成网络连接而气急败坏。

在这种情况下，继续自夸只能激起对方的不满情绪。

图 44-1 是翻译过来的 Gogo 公司网页的截图内容，你可以感受这家公司对品牌声音的语气的尺度把握。

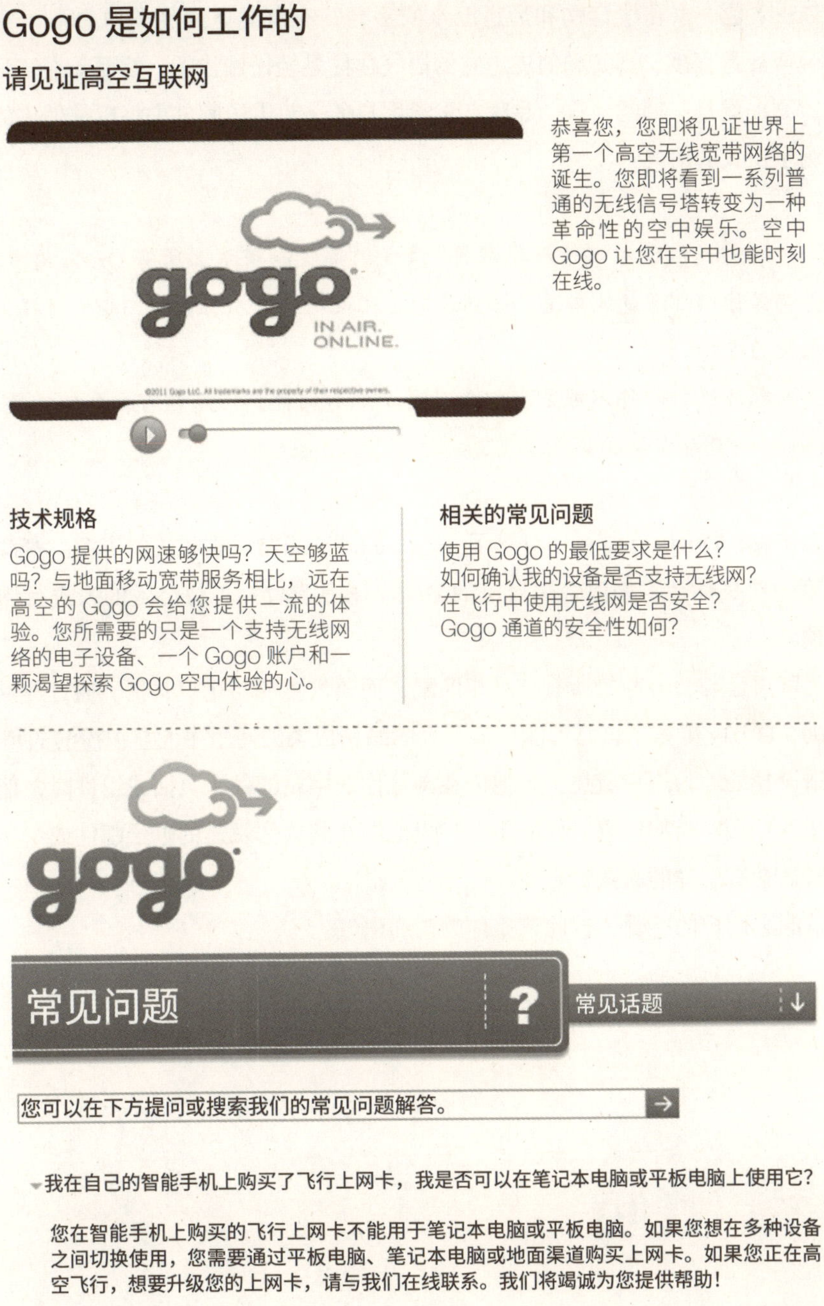

图 44-1 Gogo 公司网页的品牌声音

Drizly 是一家在线订购和配送酒水的平台，有点类似酒品类的 Uber。它秉持的品牌声音是直接、真实和俏皮。它的语气往往是轻松愉快的。然而，在 4 月美国的“饮酒提醒月”期间，这个品牌在发给用户的一封电子邮件中将以往俏皮的语气转变为了正式的语气：

> 随着我们进入“饮酒提醒月”，我们希望能联系上所有 Drizly 用户，并确保你们都清楚地知道，一旦你们自己或所爱之人有需要，我们将提供相关的支持。
>
> 也许这封邮件不像是我们平时发的那种邮件，但是在有需要的时候，Drizly 一直都在您的身边。

紧接着，Drizly 在邮件中分享了一些与酗酒、酒精成瘾相关的资源。资源列表中的第一项是什么？如何禁用自己的 Drizly 账户或者为了自己爱的人进行酒精成瘾干预？

品牌声音与 Drizly 的所有产品相匹配，而语气更加与用户共情。通过提供资源和帮助，Drizly 传达了自己可能在某个人的酒精成瘾的斗争中无意识扮演的角色。

请设身处地为用户着想：当他们在浏览你的网站的各个页面或组件时，他们可能会想到什么？会如何看待你的企业？当他们在阅读你发送的电子邮件或产品更新邮件时，会有怎样的看法？

请洞悉用户的感受，据此调整你的沟通语气。

Everybody Writes

第四部分

故事法则

如何用故事打动用户

导读

“故事”这个词出现在商业语境中让人觉得有些奇怪，因为它通常让人联想起艺术，而非商业。

然而，营销就是艺术地展现意图。故事就是我们与用户或潜在用户建立情感联结的方式。

在商业中讲故事不是编故事或者讲童话。相反，它是你在现实世界中展示自己的企业、产品或服务的方式。你向他人说明你是谁，可以为了他人的利益做些什么，如何为他人的生活增添价值、减轻他们的困扰、帮助他们承载负担、满足他们的需求。

你的品牌故事为听众提供了一个看到你的企业真实面貌的机会：一个由真实的人运营、提供真正价值的、活生生的实体。

你所传递的内容不仅是在讲故事，更是在讲一个真实的故事。

这其中的区别很微妙。

出色的写作者不仅会思考哪些故事值得讲述，还会琢磨如何将这些故事娓娓道来。

45
营销故事的 6 大要素

你可能经历过在线追剧，知道一个引人入胜的故事是什么样的：即使理性告诉你，你需要休息了，内心深处也总有一个声音在劝说自己再看一集。

“赶快去睡吧，不然明早起不来！”那个理性的你说。可是，想要为所欲为的你反驳说：“下一集马上开始了，正缓冲呢，要不再看 10 分钟？”

强有力的故事会带动情绪、塑造信念、改变行为，会让复杂的概念或理念清晰可辨。最好的营销是发挥出故事的力量。

讲故事让我们给人留下深刻的印象，因为人们更容易记住的是故事，而不是事实、数字或概念。

当然，如今营销渠道激增，我们讲述和分享故事的方式也随之呈指数级增长。

这就是为什么我们在过去几年里看到了大量的充满了灵感的品牌故事，但其中也有一些糟糕的努力。讲好一个真实的故事一如作家安妮·拉莫特（Anne Lamott）所说的那样，“就像是给猫洗澡一样轻松愉快”。

所以，我们所有人面临的挑战是：如何给猫洗澡呢？

如何从组织机构中发现或找到一个震撼人心的故事，又如何以一种有趣的方式对用户讲述品牌故事或特定产品的故事呢？

让我们先了解一个好的营销故事理应具备的 6 大要素。

要素 1：真实。让真实成为你的创作基石，意味着故事中有真实的人、真实的场景、真实的情感和真实的状况。请带着诚信负责任地写作，对你的读者诚实。你应该尽可能地展现故事，而不要只是讲述。应用人们能够理解的语言来说明你的公司或产品如何为用户的生活增添价值。

真实还意味着你对信息的原始来源负责。你的故事有数据支持，大方地提供资源链接，负责任地引用，大胆地说明任何存在的关联、赞助商、冲突或潜在偏见。

最后，有效控制无明确来源的信息的数量（本书的其他章节会对此进一步讨论）。

要素 2：人性化。即使你是一家 B2B 公司，也请将讲故事的重点放在你的产品或服务会如何改善人们的实际生活上，关注真实个体的故事。故事足够具体才能令人信服，足够普遍才能让人感动。这是我在读新闻学时就认识到的一个故事黄金法则。

要素 3：原创。提供新鲜的视角。你的公司有什么有趣之处？它为什么重要？是否有你的独特声音？如果遮盖起在网页、视频、推文等任何你制作的内容中的公司标记，你的公司听上去还会那么独特吗？人们是否还能一眼就认出你来？

要素 4：以用户为中心。也许，你的产品特别到犹如一台通往月球的自动扶梯。但是，讲故事的重点不是你在做什么或者你想要卖什么，而是你能为他人做什么。

你的产品如何帮助他人？如何减轻他们的负担？如何缓解他们的痛苦？如何回答他们的问题？你的产品如何在这个世界上立足？

要将用户置于最中心的位置。你的用户能否在你的故事里有一种似曾相识的感觉？他们是否在其中看到了自己？

任何不以用户为中心展开的品牌故事都会让人觉得是在以公司为中心。这会让人觉得要么过于自恋，要么过于无聊。

请将关注点放在你的产品或服务会如何影响他人的生活上，即使你销售的东西可能被某些人认为本质上是无聊的东西。

要素 5：引发感触。你的故事是否点燃了人们心中的真实情感？

要素 6：符合战略。故事要与你的长期战略目标保持一致。最好的故事源于品牌定位（你在做什么、为谁而做）和你独特的价值主张（为什么你提供的产品优于或不同于其他产品）。对这些内容的开发与设计将有助于推动你实现营销目标。

总的来说就是：

品牌定位 + 独特价值 + 营销目标 = 真实的、人性化的、原创的、令人感同身受的、以用户为中心的故事

46

找到只有你能讲的品牌故事

下面这段话译自一家会计师事务所的主页里的内容：

<公司名称>是一家提供全方位服务的注册会计师事务所，位于<城市>，旨在提供及时准确的专业服务。该公司成立于2002年。<公司名称>是一家成长中的公司，具备为新用户提供专业服务的能力。

再看5分钟前我的邮箱收到的一份来自一家《财富》500强公司的新闻稿：

今天发布的<标题>让企业能够监控消费者有关其品牌和竞争对手的在线聊天，并采取行动改进表现，提供差异化的用户体验。

另外一篇新闻稿：

利用各种数据源和先进的分析方法，我们能够为用户带来具有高度影响力的结果。

还有一个来自咨询服务公司简介页的例子：

<公司名称>是一家现代的、以未来为导向的咨询服务公司。它具有最新的管理思维和先进的网络技术及服务，能帮助大型企业构建创新的下一代商业模式和业绩提升能力，并通过新兴的专业融合能力使企业实现高度差异化。

这些充斥着套话的描述让我为它们的写作者感到悲哀。他们也许在错误的利益相关者的逼迫下不得不迎合企业的要求而做出妥协。

在以上案例中，最糟糕的不仅是各种华而不实的表达，而且是它们描述的可以是数百家不同的公司，而不是一家独特的公司。

我将这种描述称为“信息传递的卡拉 OK”：一堆公司翻唱着同样陈旧的、毫无生气的句子。

什么让你与众不同？你的故事又有什么独特之处？不要告诉我你在做什么，而要向我展示你是谁，然后告诉我为什么你对我很重要。

如何避免“信息传递的卡拉 OK”

“如果有一家律师事务所能让你的生活更轻松，那该多好！”芝加哥的莱文菲尔德·珀尔斯坦律师事务所（Levenfeld Pearlstein）在主页上这样写道。

你能立刻捕捉到这家律师事务所的独特之处。它试图作为可信赖的战略顾问与用户建立业务关系，而不仅仅提供可聘用的律师。

而且，它将这个以用户为中心的故事融入了公司的方方面面，从主页文案到招聘启事，再到案例工作，等等。

在整个营销过程中，莱文菲尔德·珀尔斯坦律师事务所讲述的都是律师作为用户合作伙伴的故事。

比如，我喜欢它网站上传递的品牌声音：“我们提供与大律所同样水准的专业技能和专业知识，但毫无大律所的高傲冷漠。”

专业，又让人感觉亲近。

我最喜欢的还是它“关于我们”的页面。这里将律师形容为“我们的性感伙伴”，就好像律师们还做兼职超模一般。

它也留意到律师的个人资料页面是网站上访问量最大的页面。如果你想要聘用律师，你当然想确切地知道你在聘用谁。

因此，它制作了一系列合伙人视频简介，以提高律师个人资料的含金量。有趣的是，在视频中，它没有提及任何常见问题，比如“能讲一个最近处理的案件吗”

或者“你曾经在哪里上学呢”。

相反，它问了一些不寻常的问题，比如：你从小的梦想是什么？如果可以穿越时空，你想去哪里？你最珍视的是什么？你的座右铭是什么？

在“我们的性感伙伴”页面的一个视频中，该公司的战略顾问和前首席执行官安姬·希基（Angie Hickey）说：“我的座右铭是：无论身在何处都要做领导者。”

安姬补充说：“领导者并不是头衔，我相信每个人都有机会影响周围的人。”

这个视频拍摄得非常好。它并不是按剧本演绎的。拍摄对象在说话时有一些“嗯”和“啊”这样意味着一边说一边思考的语气词，很真实。因为安姬是在发自内心地表达自己的想法，所以很完美。她展示了她是谁，顺便也展示了这家律师事务所。

对于一家专业的服务公司来说，这种做法并不常见，这是有意为之。它的“我们的性感伙伴”页面延续了它一直在讲述的一个整体的故事：

- 律师们以非凡的方式为您服务。
- 律师们十分重视人际关系。
- 律师们在展示他们是谁，以及他们的与众不同之处。

所有这些都融入了律师们的工作方式。

你的品牌故事就像万能肥料一样，为你最终创建的所有内容和社交形象提供养分。

清晰地表达你的故事，写下来，像莱文菲尔德·珀尔斯坦律师事务所一样应用它。

你的品牌故事要与对外营销保持一致，与写作者保持一致。

这将让所有代表你创建内容的人从你的品牌故事角度去思考，进而问自己：我创建的这个内容是否在传达我们的故事？这些内容是否融入了我们更大的使命？

为了打造你的品牌故事，同时避免“信息传递的卡拉 OK”，请思考以下几个问题：

1. 你的业务有什么独特之处?
2. 你的业务创立方式有什么特别之处?
3. 你的创始人有什么特别之处?
4. 你的公司试图为他人解决什么问题?
5. 你的业务受到了什么启发?
6. 你的公司有哪些惊喜时刻?
7. 你的业务是如何发展的?
8. 你如何看待你的业务、你的用户和你自己?
9. 有没有一种不那么直白的方式来讲述你的故事呢?你能否使用类比的方式而不仅仅举例子?
10. 有什么是你认为平平无奇,而别人会觉得很酷的事情?
11. 你的愿景是什么?你的公司将如何改变世界?

最后一个问题尤其重要,因为它是你整个大故事的核心——你的公司将如何让世界变得更美好?

47

让用户成为你故事中的英雄

《红鼻子驯鹿鲁道夫》（*Rudolph the Red-Nosed Reindeer*）是一部被各大网络平台在假期播放的定格动画片。或许你也对从感恩节到新年在各大零售商店或电梯里循环播放的那首主题曲耳熟能详。

在所有这一切发生之前，鲁道夫是美国一家大型零售商的营销卡通形象。《红鼻子驯鹿鲁道夫》的故事大致是这样的：

> 鲁道夫是一只生活在北极的小驯鹿。它天生具有一种超能力：有一只会发光的红鼻子。
>
> 然而，没有人喜欢它那像头灯一样明亮的红鼻子。它常常因此受到其他驯鹿的嘲笑和排挤，就连它的飞行教练也将它赶出了飞行队伍。它的爸爸妈妈为它感到尴尬。只有一只名叫克拉丽斯的小母鹿对它很友善。
>
> 在一个圣诞节前夜，漫天大雾让圣诞老人和他装满玩具的雪橇看上去岌岌可危。瘦弱且脾气暴躁的圣诞老人将北极所有的小精灵和驯鹿召集在了一起，他想要告诉所有人一个坏消息：驯鹿无法穿过漫天浓雾！今年的圣诞节不得不取消了！
>
> 然而，就在他准备发表讲话时，他的视线却被一束强烈的光芒所干扰。
>
> 原来是鲁道夫明亮的红鼻子。它就像是一把气焊枪一样灼烧着圣诞老人的视网膜。圣诞老人举起自己瘦弱的手臂遮住了眼睛。恰在此时，他突然意识到这个红鼻子足够明亮！鲁道夫可以领导驯鹿雪橇队穿过层层迷雾！它的红鼻子将成为照亮前路的灯塔！
>
> “你愿意吗？”圣诞老人问道。

“当然。”鲁道夫回答说。

鲁道夫就此为圣诞老人和全世界的孩子们拯救了那一年的圣诞节。

我之所以讲述鲁道夫的故事有两个原因：一来，它是一段由一位营销人罗伯特·L. 梅（Robert L. May）所写的经久不衰的营销故事。二来，它为我们讲述自己的品牌故事提供了一个完美的模板。

罗伯特是一位文案撰稿人，曾经在芝加哥的蒙哥马利·沃德百货公司工作。这家公司在2001年关闭了最后一家实体店，目前只有线上业务。然而，回到1939年，它的规模就和今天的塔吉特百货公司一样，曾经拥有556家店铺，遍布美国。

1939年初的一天，罗伯特的老板把他叫到公司总部办公室。老板告诉罗伯特，公司的营销部计划在当年的圣诞季进行店内促销，刺激消费，提高客流量。

老板进一步解释说，所有走进蒙哥马利·沃德百货公司的家庭都可以免费获得一本故事书。营销部希望这个引人入胜的故事和免费赠书的促销活动，比圣诞老人以往免费发放给孩子们的涂色书更能提升节日的销售额。

罗伯特的老板强调这个故事要别出心裁、温暖感人。或许可以以某种动物为主角，甚至让故事里的动物开口说话。①

营销部提出这项要求的时间点恰恰是罗伯特人生中的艰难时刻。他的妻子罹患癌症，家中尚有年幼的孩子，他因此陷入了医疗费用和悲伤情绪的双重泥潭。

更要命的是，他完全没有灵感。罗伯特当初接受蒙哥马利·沃德百货公司的工作也只是临时之举。他一心想要成为作家，而不是什么文案撰稿人。然而到1939年为止，他已在这家公司待满了3年。

后来在谈及这段日子时，他说：“我35岁时债台高筑，每天忙着写商品目录的文案，根本没有想象中那样创作什么伟大的作品。我写的是男士白衬衫文案。”②

尽管如此，罗伯特还是写了这本书。那一年的春天和夏天，罗伯特都在创作，

① Ronald Lankford, Jr., *Rudolph the Red-Nosed Reindeer: An American Hero* (ForeEdge, 2017).

② Kori Rumore, “Rudolph the Red-Nosed Reindeer was created in Chicago by Montgomery Ward copywriter Robert L. May to sell toys in 1939. Here’s how the popular Christmas character—and its author—went down in history.,” *Chicago Tribune*, December 24, 2021.

有时还将其中的部分章节读给病榻上身体每况愈下的妻子听。1939 年，这本关于弱者鲁道夫的故事书一经推出，便在圣诞季迅速走红，堪称一次“病毒式”传播。240 万册的故事书被免费分发给了 240 万名顾客。

我有意在上一句话中重复 240 万是想要强调：那不意味着一份 PDF 文件被下载了 240 万次，也不意味着亚马逊将 240 万册书直接送到了买家门口。

在 1939 年，这个数字意味着有 240 万名亲自光临蒙哥马利 · 沃德百货公司的顾客领取了这份免费读物。他们要在百货公司里排队和圣诞老人见面，而圣诞老人的位置被安排在百货公司的最里面。遇到他之前，顾客需要穿过占地 400 000 平方米的袜子区、领带区、睡衣区、床单区、化妆品区、小家电区、沙发区、冰箱区和面积达到 10 000 平方米的玩具区!

所以，240 万是一个多么鼓舞人心的数字!

同样鼓舞人心的是，罗伯特因为这本营销故事书成为一名作家。他一度觉得自己从事写作是误入歧途，但他成功了。

蒙哥马利 · 沃德百货公司最后一次将鲁道夫的故事当作圣诞节促销的免费读物是在 1946 年。1947 年 1 月 1 日，它将故事版权转让给了作者罗伯特。

最终罗伯特自己出版了这个故事。他第一次将自己的内容卖了出去。它不再是促销赠品，而他自己的名字也第一次取代了百货公司的名号出现在了封面上。他与词曲作者约翰尼 · 马克斯（Johnny Marks）合作，将这则故事改编成了故事书同名歌曲。今天，上百位艺术家，从多莉 · 帕顿（Dolly Parton）到“命运之子”乐队（Destiny’s Child）都演绎过这首歌曲。

此外，他还与 Rankin/Bass 动画公司合作制作了《红鼻子驯鹿鲁道夫》的定格动画片，并于 1964 年，即在鲁道夫的故事作为蒙哥马利 · 沃德百货公司圣诞赠品发行 25 周年之际成功推出。这部动画片从此成为美国历史上播放时间最长的圣诞电视特别节目。

罗伯特后来还推出了从 T 恤到玩具的各种鲁道夫周边产品。鲁道夫让他变得富有。他后来说：“据我所知，只有这只驯鹿让 6 个孩子读完了大学。”

1976 年，罗伯特去世。他的家人仍持有他的作品版权。这也就意味着每一次当你看到与鲁道夫相关的东西，无论是在微软的搜索引擎 Bing 首页、美国家庭人寿保险公司（Aflac）的网站上有鲁道夫形象的假日广告，还是丹尼餐厅推出的鲁道夫煎饼早餐（鹿角是培根），罗伯特的家人都会收取相应的版权费。

罗伯特想成为一名作家，而最终让他实现这一梦想的却是营销。

那么，为什么我说鲁道夫的故事对今天我们所有人来说是一个完美的模板呢？

让我们从营销的角度来分析一下鲁道夫的故事。

故事冲突：故事一开始，冲突问题似乎是鲁道夫那个亮得可怕的红鼻子。鲁道夫也因此备受欺凌。它被排挤，甚至被群体抛弃。

实际上，鲁道夫的红鼻子不是故事中真正的冲突问题。真正的冲突问题是圣诞节前夜的大雾。大雾是真实的、近在眼前的棘手问题。它是圣诞老人而非鲁道夫要面对的问题。

每一个故事都需要冲突，推动读者阅读的是什么故事冲突？

情节推动：是什么事情让故事冲突白热化？平常一天的大雾没什么了不起。但是，如果是在圣诞节前夜呢？如果北极的空中交通管制让所有的驯鹿都无法飞行呢？这就是一个大问题。

是什么推动你的故事情节？

解决方案：在这个故事中，鲁道夫就是解决方案。而这个解决方案不在于它本身有多完美，而在于它会给全世界带来好处。

如何让一个解决棘手问题的方案有益于其他人？

社群：鲁道夫自然成了圣诞老人和整个北极的英雄。而且，它还让整个社群变得更有包容性，比如“不合格的玩具岛”是那些不够完美、无法被圣诞老人送出去的、奇怪的或心理扭曲的玩具的流放地。赫比原本是一只圣诞精灵，但是它拒绝接纳自己的圣诞精灵的基因，成了一名牙医。“可恶”的雪人也不是真的很坏，它只是被误解了。所有这些角色都是社群强有力的隐喻，志同道合的人们在那里一同生活，茁壮成长。在这个故事中，鲁道夫成了大家心中的英雄。它拯救了圣诞节，还让那些被误解、被排斥、可爱的“怪人”们得到了接纳。毕竟，我们或多或少都会有点怪。

你可以讲述一个怎样的故事来打动整个社群呢？有没有一个特定的故事，虽然只是描述了某个人或某个想法，但是却具有更广泛的吸引力？

鲁道夫拯救了圣诞老人，拯救了圣诞节，改变了人们对“可恶”的雪人和牙医的看法。克拉丽斯亲吻了它。

我们支持鲁道夫这个生活中的弱者。这就是为什么我们需要看到克拉丽斯亲吻他。

虽然故事的主角是鲁道夫，但真正的英雄是圣诞老人。是他慧眼识珠，看到了鲁道夫的独特之处并加以利用，又一次让孩子们在圣诞的清晨醒来时拥有了一个丰富多彩的圣诞节！

故事框架是这样的：从前，有一个叫鲁道夫的。它有能力照亮整个房间。有些人因为它与众不同而对它表示怀疑。有一天，大雾弥漫。这意味着圣诞老人需要它。对于圣诞老人来说，他的工作是帮助孩子们相信圣诞节的魔力。这是事关圣诞节是否会被取消的重大问题。一群与众不同的人最终融入了北极精灵社群。有人得到了一个吻。在这里，“产品”是鲁道夫，“顾客”是圣诞老人。产品让顾客成为英雄。

我们可以将鲁道夫故事框架应用于商业写作，以一个更广泛的视角来讲述产品故事。它可以帮助我们确定自己的事关重大的“圣诞前夜浓雾”时刻：为什么你的产品或服务会如此重要？最重要的是，它能提醒我们谁才是真正的英雄。故事的英雄不是我们的产品，而是我们的用户。

技巧分享

鲁道夫故事框架的商业写作模板

1. 从前，有 ____________（你的产品）。
2. 它有能力 ____________（你的产品的“超能力”）。
3. 有些人怀疑它，因为 ____________（怀疑者可能会说什么）。
4. 有一天，____________（发生了什么）。
5. 这意味着 ____________（你的潜在用户现在需要它）。
6. 对于 ____________（你的用户为谁服务？）。
7. 而这很重要，因为 ____________（你的用户如何成为英雄）。
8. 有人得到了一个吻。

一家小公司如何应用这个产品故事框架来提高品牌亲和力、增加销售额呢？我们接着往下看。

48

运用鲁道夫故事框架

假设你负责一家 B2B 公司的营销工作，这家公司专门销售地面清洁设备。你希望能提高各大机构及市政设施管理者对你的产品的认识和需求。即使你并不直接销售，而是通过零售商出售产品，你依然希望与他们建立联系。那么，你会选择什么样的策略呢？

让我们看一看美国坦能公司（Tennant）的营销团队是如何应对这一挑战的。让我们一起来检验鲁道夫故事框架是否有助于这家公司确定品牌故事的英雄。

总部位于明尼阿波利斯州的坦能公司生产地面清洁设备，包括手推式和载人式的清洁车辆。它们看上去就像是后院里的乘坐式割草机。

面向机构的地面清洁设备销售流程是一个复杂的迷宫，其中涉及诸多决策人、烦琐的采购程序、政府合同以及分销商。这种情况在很多 B2B 产品的销售中都非常常见。

这一点在坦能公司的主要市场——教育机构中尤为明显。学校校长、部门主管及设施和业务经理通常都将地面清洁设备视为支出耗材。因而，销售价格较高的坦能公司产品并不具备很高的品牌亲和力。

另外，由于人们会觉得“一台乘坐式地面清洁机与另一台没有什么不同”，所以人们对品牌的接受度不高。还有一个问题是：坦能公司的产品往往是通过分销商网络进行销售的，而不是直接面向最终用户。

因此，坦能公司面临三重挑战：

1. 如何在购买决策者中建立起品牌亲和力？
2. 如何打开沟通的大门，解释自身产品的与众不同之处？
3. 如何在不损害与分销商的合作关系的前提下，与购买决策者建立情感联结？

现在，让我们运用鲁道夫故事框架来应对坦能公司面对的挑战。

技巧分享

坦能公司运用的鲁道夫故事框架

1. 从前，有一台地面清洁机。
2. 它有能力比其他机器更好地清洁地面。
3. 有些人怀疑它，因为每一台地面清洁机都是相似的；而这一款比其他的竞争对手更昂贵。
4. 但是有一天，社会上有病毒流行。
5. 这意味着保洁员需要承受更大的压力来从事学校的清洁和消毒工作。
6. 保洁员要确保整个学校的安全。
7. 而这很重要，因为主管人员和市政领导希望学校能重新安全开放。
8. 有人得到了一个吻：一位保洁员可能成为英雄。

但是，我们的英雄如何与购买决策者或其他影响采购流程的人建立联系呢？这就是事情变得有趣的地方！

让我们回到最初的问题：你会如何讲述这个故事？请从以下方案中选择一个：

1. 将镜头对准你的首席执行官，向用户展示品牌在任何时候都会站在他们身边。
2. 聘用在网络上有影响力的网红及其家人，让他们在清洁一新、闪闪发亮、绝对没有病毒的地板上一起进餐。
3. 举办一场为期一年的传统征文比赛，邀请大家分享关于保洁员的感人故事。

坦能公司的营销人，会不顾一切地选择第三个。我喜欢这个主意，它符合我的爱好：讲故事，让现实生活中真实的人讲述真实的故事，并且这是一种 B2B 模式。

故事歌颂了鲁道夫故事框架中真正的英雄：保洁员。

故事也展现了一个类似漫天大雾出现时的紧急时刻。

从创意角度来说，它也让我感到满意：别出心裁是跑赢营销的最佳方式。不仅仅要跳出盒子进行思考，更要将盒子撕碎，回收再利用做出新的东西来。比如，做成纸，再在上面写篇文章。

坦能公司发起的“保洁员很重要”征文比赛邀请广大民众提名一位在美国K-12阶段（从幼儿园到高中）学校中，有所作为的保洁员。最终胜出的保洁员将获得5 000美元的奖励，而其所在学校将获得10 000美元的奖励。

2020年，美国超过2 000名教师、管理员和其他工作人员提名了自己心中的最佳保洁员。每个人都写了一篇约500字的原创文章，介绍他们最喜爱的保洁员及其对学校做出的贡献。

当年的获胜者是来自俄亥俄州莱克伍德市海耶斯小学的克里斯·坎特（Kris Kantor），提名人是学校的健康卫生助理莫琳·扬特克（Maureen Yantek）。她写道：“克里斯给人留下了深刻的印象，让人认识到做好本职工作的重要性，同时也向每个人展示了他善良和正直的优良品质。”

莫琳说，克里斯知道海耶斯小学全体300名学生的名字。他创建了一个名为“与坎特在一起的孩子们”的午餐时间木工项目。该项目得到了当地家居建材用品零售商家得宝（Home Depot）以及一家私营五金店的支持。这些合作都是克里斯发起建立的。

这个讲故事项目的效果如何呢？嗯，大获成功。我们能从中学到什么呢？坦能公司的高级市场经理布赖恩·史密斯（Bryan Smith）慷慨地与我分享了这个项目的5个组成部分：

1. **在B2B模式下讲故事，最有效的方式是只有一个人物处于中心位置。**

   “与其他垂直行业相比，保洁员更像是社区的一部分。”布赖恩说。无论是在办公室大楼还是其他的机构中，“保洁员大都在晚上或其他人下班的时间工作，所以他们实际上并不被视为团队的一部分”。

   但是，学校的保洁员不同，布赖恩补充道：“他们的工作不起眼，但是学校里的其他人都认识他们，知道他们在做什么，并对他们的服务心存感激。”

品牌故事提示：你的圣诞老人可能并不那么显眼。在你的品牌故事中，真正的英雄究竟是谁？

2. **启动分享。**这个征文项目为一个很难产生社交分享和赚取媒体关注度的公司提供了一个前所未有的机会。

   品牌故事提示：如果没有人愿意传颂你的故事，那它可能不是一个好故事。

3. **了解用户。**由于地面清洁设备的销售过程非常复杂，坦能公司的销售和营销团队有时很难明确他们的目标用户是谁。这个项目则为公司了解最终的用户、用户动机和用户视角提供了机会。

   品牌故事提示：一个好故事能为你带来与用户反馈同等价值的信息。什么会引发共鸣？什么不会？通过挖掘这些反应，你可以找到真实的用户需求和用户偏好。

4. **购买者即影响者。**校长、部门主管和业务经理通常认为地面清洁设备就是一项支出耗材，而一个好故事有助于在购买决策者中建立起品牌亲和力。

   品牌故事提示：如果你不向最终的用户进行直接销售，那么最好在与分销商维持良好关系的基础上找到一个和用户端有情感联结的方式。

5. **投资回报的关键点。**对坦能公司而言，保洁员显然不是购买决策者或影响者，但是保洁员的提名者却是。因此，坦能公司的业务开发代表能够将他们转化为销售渠道："一次非常热情的通话，感谢他们推荐自己的同事，继而将话题转变为产品介绍和销售。我们已经看到了这种通话模式有超过 30% 的成功率。"布赖恩说。

"保洁员很重要"这个项目是在 2020 年启动的。如今，它已成为坦能公司的年度常规项目。

49

寄居蟹式的内容营销

坦能公司发起的征文比赛就是寄居蟹式的内容营销的一个典型案例，即采用一个现有的模式（征文比赛），以新的方式运作。之所以称其为寄居蟹式的内容营销，是因为寄居蟹就是这么做的。

寄居蟹会在废弃的螺壳中建立自己的家，随着自己的日渐生长而不断舍弃较小的螺壳，升级到更宽敞的螺壳里。它由此推动了甲壳类房地产市场的持续繁荣。你可能会发现寄居蟹搬进了一个废弃的蜗牛壳中。或者，在没有螺壳库存的情况下，它们有时会搬进垃圾中，比如，一个沙丁鱼罐头变成了它宽敞舒适的居所，一个可乐罐变成了具有开放式设计的现代住宅。

寄居蟹式的内容营销的灵感就来源于这些甲壳动物的生存习惯：采用已有的文章模式，将自己的故事移植其中。

也许，你可以带着自己的品牌故事进入一个“新壳”中，比如坦能公司所采用的传统征文活动。或者，也可以是一则广告、一道食谱、一张处方、一本说明书、一个“热梗”、一段 TikTok 上的声音、一份交友资料，或其他任何你有的东西。

寄居蟹式的内容营销这个概念来自“寄居蟹式的写作”，后者是布伦达·米勒（Brenda Miller）和苏珊娜·葆拉（Suzanne Paola）在他们有关非虚构类创意文稿写作的著作中提出的。[①]

想一想你可以借一个什么“壳”来讲述自己的品牌故事。

① Brenda Miller and Suzanna Paola, *Tell It Slant*, 3rd ed. (McGraw-Hill, 2019).

Everybody Writes

第五部分

发布法则

如何发布内容

导 读

不久前，一家公司剽窃了我们在 MarketingProfs 网站上创建的部分内容。这些小偷删去了我们的品牌及署名，将其冒充为自己的作品。这类事情经常在网络上发生。

发布渠道的多元化和算法驱动的平台数量的增加，使得写作者更加难以抵御诱惑。比如，一条播客的有些内容可能在没有被标注来源的情况下出现在了某个视频当中。这种事情往往不易察觉。

如果内容可以免费获取，那是否意味着可以毫无限制地自由使用呢？跟风热点潮流与剽窃之间有什么区别呢？

MarketingProfs 网站的情况对我来说有些不同。被偷走的文章是我们团队特别自豪的成果：我们投入了大量心血才创建了我们自认为无与伦比的一些内容，并获得了业内认可。

换言之，这种剽窃行为更像是道德上的践踏而不是简单的版权侵犯。

而且，这次被偷走的是我们花了很长时间精心打磨出的想法和执行方案。

内容营销和社交媒体是品牌建立信任和亲和力的平台。但是，如果营销工作做得很糟糕，像那些小偷一样使用别人的内容，那么它注定是一个巨大的失败，并会引发人们的不满。它会破坏用户对你的信任，损害你的品牌和声誉。

许多公司都在高喊“我们如今都是出版商”的口号，却对出版规则和新闻伦理没有清晰认知。

仅仅像出版商一样思考是不够的，还需要像出版商一样行动。

那么，“像出版商一样行动”意味着什么呢？它意味着我们必须培养自己的品牌信誉。

我们应该比主流的新闻记者更严格地遵守行业标准。内容营销服务平台Contently表示，人们对品牌制作的内容具有一种天然的怀疑态度。

“内容营销由于其特殊的法律地位和日益增长的商业动机，应当寻求比传统新闻业更严格的报道标准。”Contently的联合创始人沙恩·斯诺（Shane Snow）在一份道德宣言中写道。①

沙恩呼吁要遵守新闻的基本价值观：“诚实、正直、可信和负责。”诚实、正直、可信和负责是我们与用户合法建立信任的基础。

我还要补充一点：慷慨是现代写作者的必备心态。当然，我们需要自由且慷慨地为用户提供有价值的内容，从而让他们信任并依赖我们。你希望自己制作的内容是有用的，而用户也会对你的慷慨馈赠表示感谢。

同理，我们还应该慷慨地说明和承认信息及材料来源。

本书的第五部分为我们如何像出版商一样行动提供了指南，比如建立与用户相关的责任与特权。它同时还为媒体公司如何利用文化趋势来保持亲和力提供了启示。

请将这一部分视作为写作者适应数字新时代量身定制的“从业法则”。

① Shane Snow, Contently's "Code of Ethics for Journalism and Content Marketing," August 2, 2012.

50

分享真正有价值的新闻

不是公司发生的每件事都值得报道。比如一个组织机构发布品牌的重新定位、推进了一个微小的产品升级、聘请了一位新高管……

以上这些内容是你可以在全员大会、公司内部网站上分享的新闻吗？当然是。

以上这些内容是你可以在全员大会、公司内部网站以外分享的新闻吗？当然不是。

可别这么做。你需要考虑你的用户。

唐纳德·默里（Donald Murray）在其有关新闻写作的经典著作《写至截稿日期》（*Writing to Deadline*）中提出了一个找到故事焦点的方法：当一位读者读到新闻之后，会转身对丈夫说"艾拉，听听这个"的时候，焦点就出现了。[①]

虽然默里并不是在谈论如何判断什么内容值得分享，什么内容不值得分享，但是我们可以借鉴他的思路。

或许艾拉的妻子不是你的用户，但你可以把她当作你目标读者的代表，问一问自己：读者会觉得知道这条信息有用吗？

如果答案是肯定的，那么就分享吧。

如果答案是否定的，那么，作为营销人，你必须确保它只会出现在公司网站的新闻专区，作为供记者、研究人员、分析师查看的背景资料。

---

① Donald M. Murray, *Writing to Deadline: The Journalist at Work* (Portsmouth, NH: Heinemann, 2000).

51

在偏见与平衡中找到立场

Pendo.io 软件公司的首席营销官乔·切尔诺夫（Joe Chernov）曾对我说："只有单一观点的文章只能叫新闻稿。"

请让不同的观点走进你的内容，或者至少承认有其他观点的存在。忽略它们会让你的读者对你失去信任。

你可以在带有偏见的同时保持一种平衡感。听上去很矛盾，但事实上不矛盾。即使在传统的新闻行业，偏见与平衡也一直并存。

"《新共和》（*New Republic*）是一本一贯带有偏见的杂志。"记者丹·莱昂斯（Dan Lyons）在接受电子邮件的采访时说，他曾经担任过高级编辑的《福布斯》杂志也一样。

"《福布斯》杂志不让写'一方面……另一方面……'这样的报道。"他说，"我们奉命发表意见，选边站位。但是，与此同时，我们要看上去在以一种'公平'的样子进行战斗，也就是说你的编写要诚实，有事实依据，还要说明你为什么相信你所做的事情。"

丹说，苹果公司的商业竞争对手可以在报道中这样写：

> 苹果公司的股票目前很划算，应该购买持有。为什么呢？因为苹果公司计划在今年下半年发布一系列新品，届时它的股价将会飙升。有人反驳说苹果公司的增长已经放缓，甚至一些批评者认为它再也无法成为成长股。然而，我认为新版的 iWatch 能够以 ×× 美元的价格销售 ×× 台，这对于苹果公司的收入来说是一剂强心针。

偏见与平衡并存，意味着你应该在行文中提及竞争对手吗？听起来很疯狂吧？

然而，以公开、透明的方式将自己与竞争对手进行比较反而是一种可以提升信任的方法。因为你的读者本来就知道它的存在，也可能早有研究。

为什么不将你的产品、服务或方法与你的竞争对手进行比较呢？你可以借此分析双方的优缺点。你以一种平衡兼顾的方式向读者表明了自己的与众不同。

这是一个大胆的举动，一个具有战略意义的举动。

它会让你和用户建立起连接，为你赢得他们的钦佩之情，让你脱颖而出。它同时说明你清楚地知道自己的目标用户是谁，知道你的用户不是所有人。另外，还有一个额外收益是它会节省你的时间，因为不合适的用户已经被排除在外。

另外，提及竞争对手并不意味着要强调对方的不足之处。批评竞争对手绝对不是一个好主意，不要这么做。那样可能会让你暂时感觉良好。但你会因此显得心胸狭隘且铁石心肠。

52

品牌如何运营自有媒体

我刚刚访问了美国通用电气公司的新闻网站 GE Reports，被其中有关藻类过滤膜的报道吸引了。报道中说，一款由通用电气公司研发的过滤膜，成功地阻止了新西兰一个火山湖的藻类暴发。

我不住在新西兰，对藻类或者火山也没有多少兴趣。至少在阅读那篇文章之前没有。然而，那篇文章所讲述的故事还是引起了我的注意。

GE Reports 是一个线上杂志，主要分享有关科学和技术创新的各种故事和想法。比如，它有一个常设专题叫“本周地球上发生的 5 件最酷的事”。

它的风格和给人的感觉与杂志《科技新时代》(*Popular Science*) 类似，旨在让科学技术更贴近普通大众的生活。

屡获殊荣的 GE Reports 由诞生于 1892 年的跨国企业——通用电气公司每日更新。GE Reports 是通用电气公司内容战略的核心，全方位覆盖了通用电气公司的多元业务领域，通过中立的、不涉及营销贩卖的方式，塑造通用电气公司作为创新者的形象。

换句话说，GE Reports 并不是在试图销售喷气式发动机或风力涡轮机。网站上也不会弹出订购表邀请你定制自己的私人飞机。

相反，GE Reports 讲述的是通用电气公司的故事。

它所展示的是通用电气公司如何通过技术创新造福于全人类。它以人性化、通俗易懂的方式在讲述科技进步，引发了社会各界的热烈讨论和广泛关注。

它像其他行业出版物一样跟踪和报道自己的创新故事，以此为主流媒体的工作提供有力补充，甚至在某些情况下有所超越。

GE Reports 是由通用电气公司资助并运营的媒体公司。它给人的感觉是独立运营的。究其原因在于其内容中融入了记者的敏锐洞察力，以记者的视角塑造和强化了通用电气公司的品牌形象。

很多品牌会运营媒体公司。写作者在这类公司里，有时在营销部门，有时在宣传或公关部门。他们的工作是在组织机构中挖掘故事，然后以某种形式制作和发布故事。

品牌运营媒体公司能提供的机会有：

- 像行业出版物一样深入报道企业和行业。
- 推进品牌的内容领导力，树立自己作为可资信赖的信息及新闻来源的形象。
- 做自己的品牌公关。
- 引发社会讨论。
- 让投资者和分析师了解情况。
- 有时会产生广告收益，推动品牌合作关系，并生成有价值的用户数据。

在如今的时代，以内容输出的方式建立品牌形象尤其有用，因为我们都需要把用户需求放在第一位，需要放弃以公司为中心的信息传递方式来建立信任。我们需要用记者的心态来寻找最佳的叙述方式，因为在记者的内心深处一直有一个小声音在时刻提醒他：没有人一定非要读这篇文章。

“事实是所有优秀报道的支柱。”前《波士顿商业杂志》记者杰西·诺伊斯（Jesse Noyes）说。

在公司里，“你要追求的是以生动的、有意义的方式讲述真实的故事。”杰西对我说，“这意味着不仅要挖掘事实，还要能够揭示出决策背后的考量、相关人物，以及任何基于事实的故事中所蕴含的人类最朴素的感情。”

这种对写作的高要求会让品牌方受益。它能够提升品牌的诚信度，让制作的内容引人入胜。

品牌一直都是出版商。美国农具机械制造公司约翰迪尔自 1895 年以来一直在出版自己的企业杂志《耕耘》（*The Furrow*）。法国旅游及美食指南书《米其林指南》

（*Le Guide Michelin*）自 1904 年以来一直由米其林轮胎公司出版。同年，美国卡夫食品公司开始为其旗下的果冻系列产品印刷果冻食谱。西尔斯百货公司在 1924 年推出了自己的广播电台。

然而，品牌雇用记者的现象最近才开始流行。2004 年，时任麦当劳首席营销官的拉里·莱特（Larry Light）在一个行业活动中发表讲话，表示麦当劳采用了“品牌新闻报道”作为一种新的营销策略。

从那时起，这个概念以及在公司内部创建媒体的方法和目标都在不断地发展和演进。传统的新闻公司也敏锐地捕捉到了这一趋势，开始推出自己的内部研究项目，直接与品牌方合作，为它们创建高质量的新闻内容。

不过，无论品牌自有媒体的发布规模和范围如何变化，用户驱动营销和企业驱动营销这两种基本理念仍然存在。

53

设置内容限制的尺度

假设你路过一家商店，从外面望进去，货架上的产品看上去非常令人期待。

就在你迈步进门的那一刻，一个 30 厘米高的机器人突然冒了出来："嗨，想聊一下吗？我可以帮你带路。"

你一脚把他踢到旁边，开始浏览货架，看到了吸引你的东西。

正当你伸手想要看仔细时，一名销售人员又直接站在了你的面前。他的名牌上写着"托尼"，脖子上还有一个洋葱图案的文身。

"别急，美女，"托尼说，"您想摸摸它吗？仔细看看，看看它是否适合你。请先留一下您的电子邮件地址，谢谢。"他脖子上的青筋隆起，洋葱在跳动。

你还没来得及回应，商店里的公共广播系统传来一个声音："本网站使用的 cookies 将确保您获得最佳体验，您是否同意？"

"同意什么？"你咕哝着，不确定自己到底要同意什么。

天啊，机器人又来了。

"您想要做什么？"它在你的脚边大声喊道，"想了解产品吗？想了解价格吗？还是想获取一些教育内容？"

接着又说："您能给我留一个您的电子邮件地址吗？以防我们失去了联系。"

商家是否有可能在不索取电子邮件地址、不强制进行数据收集、不骚扰用户、不将内容锁定（就像连锁店把出售的剃须刀锁在柜子里一样）的情况下，增加电子邮件订阅用户并获得更好的潜在用户呢？

不久之前，阿哈瓦·莱布塔格在其公司网站上删除了主动获取潜在用户的功能。这意味着当你访问 Aha 媒体集团的网站时，你不需要提供电子邮件地址就能下载一本电子书；访问白皮书时无须进行烦琐的数据验证；获取规划清单时不用被强制授权。阿哈瓦将所有的门槛都取消了。

看到喜欢的东西？拿走！它是你的！托尼已经消失无踪了。

对于这家拥有 50 名员工、总部位于华盛顿特区的机构来说，这一转变可谓是颠覆性的。这家公司在过去 16 年中一直依赖于潜在用户捕获表单来收集用户信息。

很多公司改变了运作模式，有远见的公司开始聚焦于帮助他们的业务对象。不是聚焦于细分群体，不是聚焦于其他的线索，而是聚焦于人。

阿哈瓦与医疗保健机构及其他组织展开合作。她取消了访问门槛。这也是她想要实验的一部分。

阿哈瓦在她的社交媒体账号上①写道："我们的资源可以帮助医疗保健传播者更好地完成他们的工作。我们希望你们可以直接访问这些资源。"

她计划在 90 天之内取消所有的门槛。而在 90 天之后，陆续发生了这些事：

- 一年中页面浏览量增加了 143%。
- 同期的社交媒体关注度增加了 45%。
- 订阅邮件的订阅量增加了 55%。
- 一位与她谈判了 4 年的潜在用户成了正式的用户。

在 B2B 的营销中，内容有门槛是默认设置。然而，面对变化中的世界，你需要重新思考了。

"我们的营销之所以变了是因为我们的心态变了。"阿哈瓦说，"我希望人们信任我们，将我们视为提供医疗保健通讯和内容的资源，了解我们正在为那些比以往任何时候都更需要我们服务的人提供帮助。"

这是否意味着你现在就应该取消你网站上的所有内容的门槛呢？

不一定。不过，阿哈瓦的经验说明你需要采取更细致的考量。

营销通过设立门槛来交换价值，一样东西很有价值，所以需要你也拿一些东西来交换。那么，你用你的电子邮件地址来交换当然公平。

---

① Ahava Leibtag, "Why We're Ungating All of Our Healthcare Content," Aha Media blog, January 25, 2021.

问题在于，太多的不良商家利用了这种交换，导致用户对数据价值非常地敏感。

与其雇用托尼做你的一线销售人员，倒不如问问自己：

1. **你是否将人与人的关系放在了首位？**取消门槛是否有助于建立充满信任且富有意义的关系？信任至关重要。在初次触点设置门槛、索取潜在用户的电子邮件地址并不能传达信任。
2. **你是否需要在初次触点设置门槛呢？**还是说在关系发展到更深入的阶段时才设置门槛？托尼能否找一个更接近销售的采购工作？你是否可以使用其他培养潜在用户的技巧组合——评估潜在用户，逐步进行分析，只在用户快要决定购买时，才向他们开放一些特别信息权限？
3. **社交分享是否重要？**阿哈瓦指出，无论某一个内容有多好，如果要求人们拿自己的信息进行交换，那么它就很难在社交媒体上得到转发。
4. **你是否可以先给予，再提出要求？**如果你仍然想要收集浏览者的电子邮件地址，那么可以尝试在提供有价值的内容之后再提出请求。
5. **你是否可以采用“既……又……”的方式而不是“或……或……”的方式？**你是否可以既取消长篇内容的门槛，又提供注册电子邮件地址下载 PDF 版本的服务？
6. **你所做的是什么样的业务？**取消门槛对生成需求型的公司来说，比如阿哈瓦的公司，很有意义。但是，对其他一些公司来说，比如更依赖出版商模式的 MarketingProfs 则不然。
7. **你是否可以像阿哈瓦一样进行一个为期 90 天的实验？**

最后，对托尼说句话：“感谢你的多年服务。现在，让我们谈一谈你的成长，5 年后，你希望看见自己在哪里呢？”

54
利用新闻热点讲自己的故事

当全球第二大软件公司甲骨文成功收购内容运营公司 Compendium 后 1 小时，我通过杰西·诺伊斯发来的电子邮件获知了此事。他在邮件中希望我能对此发表评论，并表示会将我的评论纳入他正在撰写的一篇文章当中。

杰西之前做过记者，后来负责内容运营公司 Kapost 网站的内容管理。Kapost 当时是 Compendium 的竞争对手之一。那天早上，他告诉我，他的老板、Kapost 的首席执行官托比·默多克（Toby Murdock）已经第一时间通过自己在 Kapost 的官方账号发表了对此次收购的看法。

在事件发生后不到 1 小时，Kapost 就迅速向人们披露了这一消息。由于意识到这是内容营销界的重大新闻，Kapost 采取了以下行动：

- 利用竞争对手的新闻，将自己置身于一个原本与自己毫无关系的故事中心。
- 利用新闻成为真正的意见领袖：将即时新闻故事扩展至一个更广泛的层面，从而引导人们的看法。
- 通过与有影响力的人和行业分析师建立联系，为他们提供进一步评论的机会，来吸引流量。
- 有可能吸引主流媒体的关注，以寻求他们对此事件的看法。

对营销人来说，这其实是非常好的一课，即捕捉内容的时刻无处不在。你所要做的只是训练自己的眼睛和耳朵。

这意味着你要时刻关注突发事件，或者敏锐地捕捉更广泛的社会趋势、社交媒体上的热议话题和流行文化动态。所有这些都是抓住热门话题将公众的注意力转移到你的品牌的好机会。你可以借机吸引新的用户，提高关联性，与用户建立联系。

10 年前，作家戴维·米尔曼·斯科特（David Meerman Scott）创造了“新闻劫持”这个概念。它所表达的意思就是我们所谓的“蹭热点”，即充分利用周期性爆发的新闻热点来讲自己的故事。如今，社交媒体和超级活跃的新闻周期为我们提供了越来越多的机会，让我们可以成为流行话题、网络“热梗”或流行文化的一部分。

问题是如何能找到发声的机会呢？应该在什么时候报道哪些新闻？选择哪些新闻故事和文化热点呢？是否应该参与棘手或极具争议的社会议题？我们一步步地进行分析。

先说如何找到发声的机会：

- 利用信息搜索引擎跟踪与你有关的主题或关键词。
- 关注你所在领域内的意见领袖、出版商、行业记者在谈论什么、发布什么。
- 监测相关的社交媒体话题和热门故事。在 TikTok 上，有哪些实时标签可以帮助你了解流行趋势。
- 学习流行文化。

也许最后一点让人感觉过于笼统，其实没有什么魔法，多听少说，既当学生又做老师，就会提升流行文化的智商值。

哪些故事适合我们发声？何时发声呢？当你看到或听到感兴趣的议题或故事时，请问自己以下 4 方面的问题：

1. 该问题或故事是否能与我们的业务结合，它是否会帮助我们吸引新的用户？
2. 我们对此有新的观点吗？我们是否有一个巧妙或不同的角度？我们能够将其变成自己的东西吗？

3. 我们想要表达的内容是否直接或间接地回答了用户的问题？用户会喜欢吗？

4. 我们的响应速度有多快？

抓住新闻故事或网络热点的时机非常重要，因为新闻有其生命周期（见图 54-1）。最好在公众的兴奋劲或关注度还在不断上涨的时候推出自己的评论。

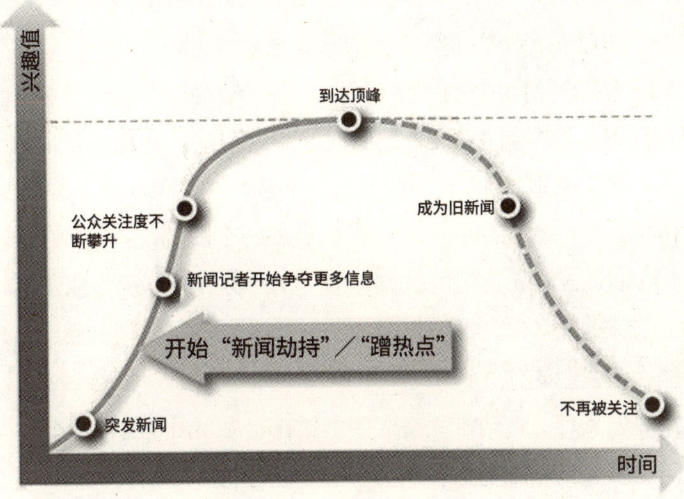

图 54-1 新闻的生命周期

资料来源：David Meerman Scott ／ CC BY-ND 3.0.

让我们来看一个成功满足上述所有条件的品牌营销案例。

时间回到 2019 年，时尚健身自行车品牌 Peloton 发布了一个名为《有回馈的礼物》（*The Gift That Gives Back*）的广告视频。

视频讲述了一名男子将一款健身自行车送给了他的妻子格蕾丝。格蕾丝拍摄了自己全年使用这辆自行车的视频，同时配以渴望改变的旁白。又一个圣诞季，格蕾丝向她的丈夫播放视频时说：“一年前，我根本没有意识到它会给我带来多大的改变，谢谢你。”

这则广告因为观念过时、带有性别歧视而在网络上被人唾弃。其中，有一个标题直接写道：Peloton 的新广告是近年来最好的恐怖电影。[①]

当这款自行车广告依然在网上流传，大家仍在关注的时候，演员瑞安·雷诺兹（Ryan Reynolds）邀请格蕾丝的扮演者莫妮卡·鲁伊斯（Monica Ruiz）为自己的杜松子酒品牌 Aviation American Gin 拍摄了一款新广告。

这则新广告戏谑化地套用了健身自行车广告的标题，起名《没有回馈的杜松子酒》(*The Gin That Doesn't Give Back*)。杜松子酒原本与 Peloton 的健身自行车产品毫不相干。但是，这则广告给人感觉像是 Peloton 广告的续集：现在的"格蕾丝"和两个朋友坐在酒吧喝着杜松子酒调制的马提尼。

朋友们试图安慰神情沮丧的"格蕾丝"。当"格蕾丝"称赞杜松子酒口感顺滑时，她的朋友问道："再给你来一杯，如何？"气氛随之轻松愉悦起来。"格蕾丝"和朋友们举起酒杯，喊道："为崭新的开始，干杯！"

就在"格蕾丝"一饮而尽的同时，她的另外一个朋友说："今晚一定很尽兴。"

Aviation American Gin 公司的这则广告是在 36 小时内制作完成的。瑞安·雷诺兹在 Twitter 上分享了广告链接，并附文"不含健身自行车"。效果非常完美。

还有其他一些紧跟潮流、因势利导的不错的案例。

案例 1：每年 3 月，纽约市立公共图书馆都会在 Instagram 上推出"疯狂 3 月"的读书竞赛活动。它借用和仿效美国男子大学篮球锦标赛"疯狂 3 月"的名称和形式将名著或名著作家放在一起"一决高下"，以此引发读者的读书热情。

纽约市立公共图书馆的读者们通过 Instagram Stories 分享功能投票支持自己喜欢的一方，比如朱迪·布卢姆（Judy Blume）对阵贝弗利·克利里（Beverly Cleary），《哈利·波特》对阵《珀西·杰克逊》(*Percy Jackson*）等。自纽约市立公共图书馆几年前推出这一活动以来，世界各地的图书馆也纷纷效仿，相继推出了自己的"疯狂 3 月"。

案例 2：美国 FNB 社区银行定期利用 TikTok 和 Instagram Reels 视频平台传授金融知识。其中最受欢迎的一个短视频，是 FNB 社区银行的助理副总裁朱莉·沃

① Alex Abad-Santos, "Peloton's Terrifying New Ad Is the Best Horror Movie in Recent Memory," *Vox*, December 3, 2019.

德尔（Julie Waddle）提醒关注者不要在移动支付应用 Venmo 账户中留存余额。短视频用妮琪·米娜（Nicki Minaj）的歌曲《疯了》（*I Get Crazy*）的音频片段作为配乐。

案例 3：新罕布什尔州多佛公共图书馆借用流行的 TikTok 音频片段"我在必胜客，我在塔可钟"（I'm at the Pizza Hut I'm at the Taco Bell）①，回答了一个重要问题：如果经典作品相互融合会生下一个什么样的孩子？

案例 4：在一个名为"如果这些书有孩子"（If These Books Had Kids）的系列活动中，图书馆问道：谁会是《好饿好饿的毛毛虫》和《星球大战》的爱情结晶呢？答案是太空毛毛虫，因为毛毛虫 + 太空 = 太空毛毛虫！

很多大品牌的广告充满灵感。但是，我更欣赏那些看似最不可能的领域中的创造力。地方机构、小型组织，那些在处理无数其他事情时还要负责营销的兼职人员，那些预算只有 15 美分的人。**出色的内容取决于头脑而非预算。**

那么，你是否应该就社会热点事件发声呢？数据显示应该。

埃德尔曼信任晴雨表用于衡量全球各地民众对于包括政府、媒体、非政府组织和企业在内的各种机构的信任程度。最新的埃德尔曼信任晴雨表（Edelman Trust Barometer）显示，大多数消费者希望企业能够在气候变化、劳动力转型等方面发挥更大的作用。

埃德尔曼表示："我们会购买和投资那些符合我们价值观及信念的品牌。我们会选择在价值观类似的公司工作。我们也期望那些公司的首席执行官在社会议题上表达立场。"②

埃德尔曼的数据清晰表明，消费者的期望正在发生改变。在企业内部，实际的决策过程也更加微妙。

营销人凯蒂·马特尔（Katie Martell）表示："与文化思潮接轨有助于保持品牌的相关性，很多品牌将'新闻劫持'看作是一种聪明的公关手段。"但是，面对社会热点事件，"营销人必须谨慎"，她补充，"因为人们会将营销人的一切行为都与

---

① 美国流行歌曲《必胜客与塔可钟组合》（*Combination Pizza Hut and Taco Bell*）中的一句歌词。这首歌通过两位艺术家在纽约市皇后区的重复对唱，展现了美国社会连锁餐厅的单调和美国文化中个性的丧失。其简单、重复的歌词和感染力强的节奏是对美国消费主义和文化同质化的批评。——编者注

② The 2022 Edelman Trust Barometer.

品牌的价值理念或想要传达的信息联系起来。”

你就某个社会热点事件表态后，你的品牌是否能够兑现承诺？如果不能，凯蒂说：“那么你的营销就有可能成为表演。”

凯蒂告诉了我一个会计师事务所的案例。这家会计师事务所曾经发起了一场大型广告宣传活动，来宣传他们支持的一项女子高尔夫球赛事。在这个宣传片中，文稿使用了一些套话，诸如“要打破法院、董事会和实验室的天花板”。“天花板”一直以来是女性在职场面对的无形障碍的隐喻。

宣传片的结尾将这家会计师事务所定位为女性的盟友，“无论是在高尔夫球场上还是其他的任何地方”。

然而，当这则宣传片播出时，这家会计师事务所却迎来了公司内部1 000多名女员工4亿美元的集体诉讼。她们指控这家会计师事务所内存在着性别歧视，问题包括女性员工缺乏晋升机会和在产假期间薪资被克扣。

如果你的营销具备以下特征，那么就是与事实不符的表演：

- 空洞的承诺。如果你使用诸如“谴责”或“支持”这样的模糊用词，没有对现实中的社会热点事件产生有意义的、可衡量的影响，那么你的表态就没有价值。
- 机会主义。如果只是在某个社会热点事件成为话题的时候才公开表示支持，那么就只是给自己贴标签。
- 推卸责任。将责任推给外部的“罪魁祸首”，而不承认内部工作有任何问题。
- 隐秘的动机。一些品牌声称支持某些社会热点事件，私下却又积极帮助一些价值观相悖的人。

那么回到我们最初的问题。你应该在社会热点事件中发声吗？答案是应该，但有两个前提：

- 用具体行动支持你的言辞，并承担后果。“行动胜于广告，实践胜于理念，”凯蒂说，“做决策时，要分析你所在的组织机构秉承的价值理念如何与社会价值观念相一致。你能做到言出必行吗？

- 你的努力要可以衡量。“透明度是实现问责制的关键，”凯蒂说，“可量化的目标是确保实现收益目标的工具。”在面对社会热点事件时，要具备同样的思维。

凯蒂说，营销可以塑造人们的看法，而我们营销人有选择的余地。

我们可以选择、迎合和利用那些定义我们时代的社会运动，也可以选择以勇敢和有意义的方式为社会进步作出贡献，并在与之保持一致的过程中获得收益。

表态的确也是需要勇气的。

55

采访到最佳内容的 12 个非常规技巧

我大学毕业后在波士顿一家周报负责银行和房地产业的相关报道。

由于我初来乍到、缺乏经验，分到的选题对我这个英语专业毕业生来说也非常陌生，所以我试图不懂装懂、装腔作势，以免让自己看上去很愚蠢。

比如，我可能会问一位银行高管关于房市繁荣的余波问题。他的回答在我听来全是陌生的内容。我完全不知道他在说什么，但是因为害怕露怯反而没好意思请求他进一步解释。

从那时起，我就懂了，接受自己的无知才是最好的办法。这没有什么可耻的。你都不理解，又何谈与你的读者或用户解释清楚呢？

如果你前去采访一个在某个专业领域的资深专家，你就会明白我在说什么。承认自己“没有听明白”是有些让人害怕，但是你最好坦诚相告。而且，一如我最终意识到的那样，资深专家通常喜欢解释自己的专长。

在我们开始谈论采访技巧之前，我假设你已经掌握了以下基本技能：

1. 你已经在网上搜索过这个人。
2. 你已经梳理过对方曾就你要采访的主题发表过的言论或写过的文章。
3. 你理解手头问题的要点。

换句话说，你已经做好了准备。

接下来，我就为你分享提高采访质量、获得最佳采访内容的 12 个非常规技巧。

技巧 1：为你的用户做导游。你想让自己的用户从采访中得到什么？请确保你一开始提出的问题就能够让对方回答你的用户关心的问题。采访的首要目标是让你的用户获益。你是他们的代言人，要帮助他们得到他们想要的东西。

技巧 2：做提问者，不用做专家。不要担心自己无知。承认无知是一种优势。对不了解的问题要寻求解答。

如果你面对的是一个具有高度技术性或难以厘清的问题，那么你可以问一句："能帮我进一步理解吗？"从一个显而易见的寻求简单解释的用户视角来切入。

另一个很好的提问方式是："能举个例子吗，说明这个问题如何在用户生活中体现？"

技巧 3：选择一对一的交谈方式。如果只有你和专家两个人，那么无论是电话采访、视频还是面对面的采访都会比较轻松自然。现场最好不要有公关人员、助手或记录员。

即使现场有一位默默工作的其他人员，也会让双方的交流变得没有那么地放松。第三者的存在会让接受采访的专家强化自我意识，交流因此有一种被迫进行的束缚感。

这一点同样适用于小组采访。比起一对一的聊天模式，小组模式会显得更正式、更拘谨。谈话很容易陷入炫耀或装腔作势。

技巧 4：让专家自由发言。接受过企业公关培训的专家有时会过于依赖预先准备好的回答。在这种情况下，最好是鼓励他们自由发言，然后通过提出后续的问题来引发他们未经演练的、更自然的回答。

技巧 5：对话，而非采访。最好的播客主持人在与采访者聊天时是对话而非采访。他们从一两个设计好的问题开始，让受访者的回答来主导谈话的走向。他们追求有趣，正如节目主持人杰伊·阿昆佐（Jay Acunzo）所说，只有这样才能遇到引发好奇心带来的意外之喜。

"做好准备，但不是照稿读，"主播克丽·奥谢·戈尔戈内（Kerry O'Shea Gorgone）建议说，"谈话不是读稿，采访的感觉应该像对话。"

如果你试图从受访者那里获取具体的信息来撰写文章，那么你需要适当地引导话题方向，不让谈话离题太远。

让谈话在轨道上运行的同时仍然要有一种自然的流动感。前 MarketingProfs 的主播马修·格兰特（Matthew Grant）提出可以运用"激光倾听技巧"（Laser Listening）。格兰特指出要专注于倾听，根据对方在回答中给出的线索再自然地提出后续的问题，不要按照准备好的提问列表生硬地跳到下一个问题。

技巧6：询问你的访谈对象他可能已经忘记的某个时刻或事件。发现和探索这些时刻，让你的访谈对象感到被关注和被理解。你的精心准备会让他们心存感激。他们也会因此更加专注于与你的谈话。

技巧7：在提问时避免使用“通常”这个词。最好询问非常具体的时间或实例。具体的提问才能得到具体的回答。

技巧8：对“最××”的提问也可以成为很好的访谈话题。比如，最好的、最差的、最具争议的、最伟大的、最糟糕的……这样的提问可以为你提供一些很好的素材。

我最喜欢的问题是：“你对这个行业里的什么最感兴趣？”人的经历可以展示出一个人有趣的一面。

技巧9：避免问“是不是”。如果你得到了一个“是”或“不是”的答案，试着进一步追问“你为什么会这样认为”，或者“我很想了解更多细节”。鼓励你的访谈对象分享他们的故事或例子。故事不仅能够增添色彩，还可以展示出一个人的思维方式和世界观。

技巧10：别多说话。你的任务是引导受访者说话。所以，少说话，多倾听。尽量不要打断对方。

“不是采访主持人，而是采访嘉宾，”克丽·奥谢·戈尔戈内说，“没有价值的插话可能会破坏交流的氛围，打断受访者的思路。”

另外，不要急着去打破沉默。对某些人来说，沉默相向可能会有些不自在。我就是这样。但是，请给受访者反思的空间。如果你感到不适，请深呼吸。

你也可能会遇到一个打开话匣子的受访者。他们说起来没完没了，但并没有给你需要的信息。在这种情况下，你要更积极地引导他们，掌控谈话的主动权。请记住，你才是导游。

技巧11：确认受访者的姓名、公司名称和职位的拼写。询问受访者他们喜欢的称呼。

技巧12：录音的同时也要做笔记。

通过亲手记录别人的话，你能更好地捕捉到一些情绪、氛围和细节。这些细节可以让采访变得更加生动。

做笔记还可以让你快速记下一些要点以便之后参考。比如，后续的问题或者你想要在最终的文章中表达的想法。

此外，你会喜欢它带给你的真实感。

感谢克丽·奥谢·戈尔戈内、杰伊·阿昆佐和斯坦福大学设计学院提供的采访技巧。[①]

---

① Kerry O'Shea Gorgone (host), "How to Create Better Content by Conducting Better Interviews: Jay Acunzo of '3 Clips' on Marketing Smarts," MarketingProfs podcast, March 25, 2021; "Stanford d.School Empathy Interview Guide".

56

核对事实

核对事实听起来就像洗土豆一样无趣。很枯燥吗？没错。有必要吗？有。

准确性是可信度的基础。

你希望读者能够相信你讲的内容，更重要的是，你希望他们因为相信而分享你的内容。

我能想象你可能会反驳说：我们又不是新闻机构。

不仅是新闻机构需要以事实为基础。虚假或错误信息必然削弱用户对品牌的信任感，无论相关主题是什么。

那么，哪些事实需要核对呢？有以下这些：专有名词、职务名称、公司名称的准确写法，链接是否有效指向你希望对方访问的网站，引用来源（尽可能使用一手资料，不要使用二手资料，如果可能，请提供原始资料的链接，而不是转载其他网站或社交媒体上的分析），每一个统计数据和数字、日期、任何出现的有关增长或下降的数值。

事实有误没关系，可以在文中更正，并注明原因。

公开承认错误非常重要：修正错误是一方面，但只有承认错误才能进一步增强你的可信度。

57

用水一样的心态观察

很久以前，我是一家城市小报的记者，负责报道当地城镇规划委员会的会议。

当时正处于互联网开始改变全球新闻采编室的时代，新闻记者得以在任何一个地方提交文章。

然而，我所工作的那家地方报纸却依然要求记者将文章直接输入现场一个带有小屏幕和闪烁光标的庞大机器。那个感觉就像是你在一台军用吉普车大小的 iPhone 上打字一样。

一天晚上，在规划委员会的会议结束后，我很晚才回到采编室。我告诉夜间值班编辑，没有可报道的内容，因为规划委员会尚未做出具体决定。我想让他知道我没有什么可写的。

这时，那位因睡眠不足而显得暴躁的夜间值班编辑粗暴地纠正了我。他冲我咆哮道："一定有故事！即使它不是你期望的样子！"

自此，我至少每周都会想起新闻采编室里的那个时刻，会想到那位编辑的话："一定有故事！即使它不是你期望的样子！"

请用水一样的心态观察故事流淌进入的缝隙，在其中嬉戏玩耍。

我们经常担心自己没有有趣的东西可以分享。事实上，只要仔细观察，每个人都会找到伟大的灵感来源：

- 对你而言的寻常之物，或许在别人眼中很有趣。那是什么呢？
- 行业外或者在更大的世界中，有什么可以作为灵感呢？
- 走出自己的办公室：贸易展会、用户和合作伙伴也许都有机会给你提供新的内容。

- 从自己的生活或兴趣中获得不一样的灵感。撰稿人汤姆·本特利（Tom Bentley）在 MarketingProfs 上写了一篇名为《马克·吐温关于品牌和营销的 10 句课程》的文章。① 策划人贾森·米勒（Jason Miller）经常从他热爱的重金属音乐中汲取灵感："摇滚界的 5 大名言，激发出伟大的内容营销灵感"。②

任何你销售或推广的东西，都不可能像规划委员会的会议那样枯燥。但是，就在我被大吼一通之后，我真就找到了大量的可写之处。

① Tom Bentley, "Mark Twain's 10-Sentence Course on Branding and Marketing," MarketingProfs, July 15, 2013.

② Jason A. Miller, "5 Rock n Roll Quotes to Inspire Content Marketing Greatness," LinkedIn, February 11, 2014.

58

找到离故事中心最近的那个人

记者会前往事故现场，报道已发生的事情。

在商业领域，也是如此。

你会在社交媒体账号中谈论新技术吗？如果会，那么你应该与技术的开发者进行深入交流，而非与负责宣传的公关或营销的工作人员沟通。

我们要找的是离故事中心最近的那个人。

但你也要留意公开信息、背景知识和不公开信息之间的如下区别：

- 公开信息意味着你可以自由引用信息来源，并提供引用来源的全称。
- 背景知识意味着你可以使用材料，但不将其归属于某个特定的人或特定的来源。
- 不公开信息意味着你不能写任何细节或直接引用信息来源的原话。也就是说，你得到的是保密信息。

59

提防受访者的隐藏动机

如果你因为某个故事采访某些人，或将某些人视作信息来源，请务必注意他们的观点背后可能存在的隐藏动机。

有资本支持他们吗？

谁资助了他们？

谁让他们受益？

他们是竞争对手吗？

他们是投资者吗？

他们是被聘用维护某个特定观点的公关人员吗？

拥有上述这些身份的人作为信息来源可能仍然具有一定的可信度。

事实上，公关人员可以是有用的背景信息来源，但是你需要留意他们背后的隐藏动机。

如果你决定使用这些信息，那么就要公开披露信息来源以及潜在的利益关系或利益冲突。

60

采用可信的数据

能支撑你内容的事实包括数据和研究成果。

数据能让你的内容具有可信度。

你的想法和观点可能是故事的一部分。但是，更具有可靠性的内容来自你个人的想法和意见之外的东西。

你可以先给出数据再表达观点。

如果你想要告诉我你的想法，你就要让我明白你为什么会这么想。

之前有人表达过类似的观点吗?

你为什么同意或为什么不同意?

有什么样的证据可以支持你的观点或对你的反驳产生影响?

有什么数据可以支撑你的想法?

如果外部研究是你所讲的故事的一部分，那么要引用有可靠来源的信息。

什么是可靠的信息来源则根据你所属的组织机构而有差异。

采用可信的数据是一个判断、辨别的工作。

不过，可以肯定的是，网络社交媒体上的朋友的朋友不会是可靠的信息来源。

可信的数据来源于以下几处：主流媒体（因为他们通常有内部事实核查人员核查）、政府机构、研究报告、公认的专家。

61

通过引用赋予内容可信度

引用可以赋予内容可信度。说明引用来源，是让读者知道某些信息或想法来自其他佐证。同时，给读者提供进一步挖掘原始信息的机会。请将引用视作对那些帮助你发表观点或推进思考的人的真挚感谢。

我们不需要像学者写论文那样使用特定的引用格式，但在推文中引用需要注意以下原则。

原则 1：寻找一手而非二手资料。一手资料是指来自原始作者的资料，无论是一个想法、一条声明、一项研究，还是其他材料。二手资料是对原始资料的引用。很多资源链接指向了二手资料。

要找一手资料的原因是：信息的可信度更高，信息更准确。

比如，你在自己的网站上发布了一张信息图，即使你是在其他地方看到的，也请尽可能注明原始来源并提供链接。

如果你是基于其他人的数据创建了那张信息图，那么你需要说明。

如果你采访了某个人，直接或间接地引用了对方的言论，即使你没有使用原话，也要点明它出自对方的观点。

原则 2：新鲜度很重要。研究越新，信息就越准确、越吸引人。“最新”在商业中很重要。尽量避免使用 4 年以上的商业研究成果，因为它很可能已经过时了。

原则 3：网络不是可靠的信息来源。网络上的信息并不可靠，但它能提供相关背景。而且通过网络提供的链接可以找到其他的信息来源，包括原始来源。

原则 4：引用风格要一致。如果你正在创作一个大体量的作品，比如一本书、年度报告、研究论文或白皮书，你可以选择正式的引用格式。选择使用哪一种引用格式并不重要，重要的是保持一致。

原则 5：在文章和幻灯片中引用来源。如果你需要在文章中说明原始出处，如出版物、网站、杂志等，那么你可以加注。但是，请注意如果加链接，那么要链接至具体特定的内容，而不是网站的主页。

在幻灯片演示中引用了其他人的创意、文本或图片，请在内容旁注明原作者，并确认自己有引用权限。只在幻灯片末尾列出参考文献是不够的。

我知道你在想什么：这样做岂不是会破坏我精心制作的幻灯片的美观？并不一定。可以看一看乔纳森·科尔曼在一个有关内容设计的幻灯片中是如何引用同事埃米·蒂博多（Amy Thibodeau）的创意的（见图 61-1）。

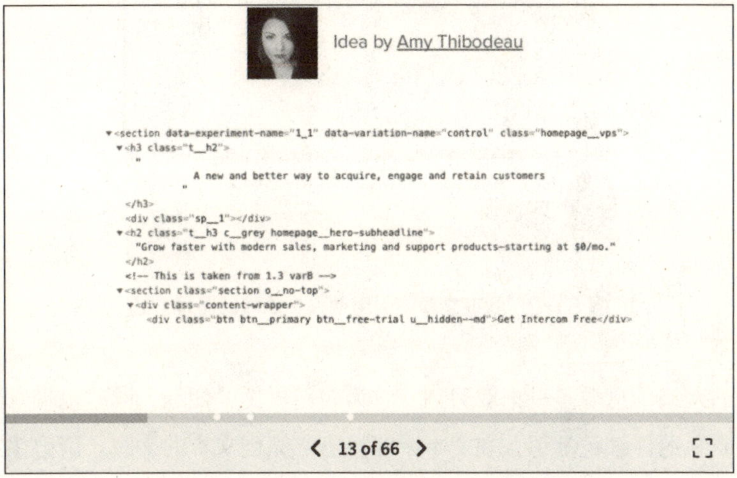

图 61-1 乔纳森·科尔曼在幻灯片中的引用

资料来源：Jonathon Colman.

图 61-2 是我在模板引擎平台 VelocityUK 上引用道格·凯斯勒的想法时加注的方式。我在文章中提供了链接。

原则 6：引用时做好记录。随着时间的推移，我们很容易忘记哪些想法是自己的，而哪些又是引用别人的。

这种记忆遗漏实际上是正常的心理现象。心理学家丹·吉尔伯特（Dan Gilbert）称之为偷窃遗忘症（kleptomnesia），即偶然的抄袭或者误以为别人的想法是自己的。一个著名的例子是乔治·哈里森（George Harrison）在 1970 年创作的热门歌曲《我甜蜜的主》（*My Sweet Lord*）。这首歌曲的旋律及和声后来被法官裁定与 7 年前由

Chiffons 乐队演唱的《他如此美好》(*He's so Fine*) 极为相似。

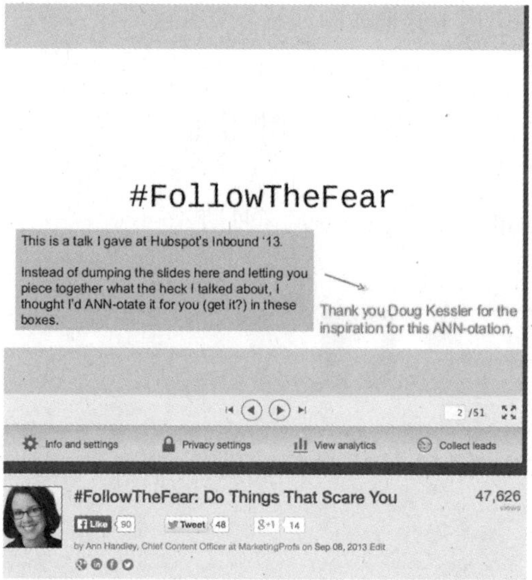

图 61-2　我在文章中引用他人想法时的展现方式

海量的网络信息源是一把双刃剑，它为我们提供了便利，同时也带来了风险。

引用时，请仔细记笔记，在文本中标注出非原创文本的来源。请记住：很多在线工具可以瞬间查证你的文章是不是原创的。

再多说一句，你可能已经注意到了图 61-1 和图 61-2 引用的其实只是想法的灵感来源。

强调其他人的贡献，哪怕只是灵感，不仅是一种商业上的规范操作，更是一种优秀的处事原则，无论何时都适用。

62

如何做内容策展

内容策展（content curation）指对他人的内容进行筛选、写作和推广。听上去像是高速公路边有一座冷冰冰的工厂，所有沉闷的内容在那里被扔到了传送带上，然后被投放到网站上，被大量消费。100% 自动化，100% 的缺乏创意。就像是在机械地组装学校食堂里的午餐托盘一样。

事实上，出色的内容策展或许是借助网络技术去收集、组织的，但能给人带来新鲜感。如果你在策展时没有加入自己的观点，那就不是策展，充其量只是组稿。AI 可以组稿，但只有人才能分享和解释为什么某个内容对另外一个人也很重要。

换句话说：你策展的内容可能不是原创的，但是你可以通过添加独特的价值来提供一种原创的体验。

内容策展可以是指你在自己的社交媒体账号上转发其他人创建的内容。它可能是新闻、语录、推文等。

策展是一个展示自身专业知识、个性及观点的机会，也是一个让自己的写作变得多样化的机会。

我最喜欢的内容策展的网站叫边际思考者（The Marginalian）。

网站创建人玛丽亚·波波娃（Maria Popova）会一周推两次她策展的一系列有关书籍、诗歌、音乐等的内容。她所搜索、挑选和分享的内容将思想、概念与艺术熔为一炉。

玛丽亚会解释为什么罗斯·盖伊（Ross Gay）的《欢乐之书》（*Book of Delights*）让她想起了诗人玛丽亚德莎·艾克瑞·塔利（Mariahadessa Ekere Tallie）的绘本《莱拉的幸福》（*Layla's Happiness*）。她将戴维·鲍伊（David Bowie）与简·古多尔（Jane Goodall）联系在一起。她让我理解为什么她的类比或连接是有道理的。她的内容整合扩展了我的思维。

浏览玛丽亚的网站就像是漫步在一个非常棒的艺术博物馆，同时也像是身处一个奇特的、由玛丽亚做讲解员或店主的独立书店。

“内容策展者是好奇心的向导，带领我们发现那些我们之前并没有意识到会感兴趣的东西，”玛丽亚写道，“他们在浩瀚的信息迷宫中发现有趣、有意义、有相关性的内容，为这个世界上重要的东西，以及它们为什么重要搭建了一个框架。”①

玛丽亚认为内容策展是“一种有价值的产生创意和知识的创作形式”。

我喜欢这句话，因为它重新定义了内容策展，既不再是一种简单的编辑工作，也不是对原创内容的剽窃，更不是将内容随意上传到网站以完成文章任务的捷径。这一重新定义尊重了策展作为内容创作重要组成部分的价值。也让内容整合者的形象显得更加挺拔。

下次你在社交媒体账号上分享一个网络“热梗”时，你可以骄傲地认为自己不仅仅是在发送推文！你正在引领着他人的好奇心，正在进行有价值的创意劳动！

内容策展如果做得好，就会给你发布的内容增添趣味和价值。但是，如果做得不好，它会对你的品牌信誉造成危害，甚至可能导致版权纷争和法律问题。

直接将别人的内容复制粘贴到自己的文章中是非常糟糕的做法，因为你实际上从原创者那里剽窃了搜索引擎带来的优势、流量和信誉。不要这样做，哪怕是无意的。

然而，令人沮丧的是，这种情况频繁发生：我的书（包括这本书）被其他组织扫描、重新包装，继而私自出售获利；我的创意在未经我允许的情况下被其他人重新包装，而且从头到尾都没有提及我；Verizon 在官方媒体账号发布了一篇克丽·奥谢·戈尔戈内为马克·谢弗（Mark Schaefer）撰写的专栏文章，然而他们既没有提到克丽，也没有提及马克。马克在他阅读流量很高的社交媒体账号上专门写了一篇文章分享这段经历。Verizon 没有放置引用链接的做法要么是因为粗心（至少），要么是纯粹侵权（最坏的情况）。

以下是正当地进行内容策展的方法。

方法 1：广泛搜集各种资料来源。帕万·德斯潘德（Pawan Deshpande）在 MarketingProfs 上写道，仅有一两个资料来源不仅会让读者感到无聊，“而且很可能

① Maria Popova, “Networked Knowledge and Combinatorial Creativity,” *The Marginalian*, August 1, 2011.

意味着你在剽窃原创者的作品并从中获利。”[①]

方法 2：引用一手的而非二手的来源。如果你觉得用户会喜欢某个人创作的有价值的内容，那么引用时请记得回报对方，帮助对方获得应有的认可，提升其搜索排名。

方法 3：明示引用来源。在最显眼的地方说明引用内容的来源。不要成为那些不道德的偷偷摸摸的引用者，把链接藏在文章底部，用与文章其他部分相同的字体掩饰链接，或使用极小的、容易被忽略的字体来掩饰。注明来源时不要只附上原创者的社交媒体账号，而要提供具体的网站链接。

方法 4：原创要比引用长。只引用原作的小片段，不要未经允许就转载全文或转载整个框架及想法。

你是在引用，而不是全文复制。

你的目的是让用户了解其他文章的要点并说明你为什么分享它，它具有什么样的重要性或意义，不要整篇转发。引用过多也会模糊合理使用与侵犯版权之间的界限。

方法 5：添加上下文及观点。想一想你最初是想做什么，比如告诉你的读者为什么这篇文章对他们很重要。那么，请添加相关的背景介绍，同时加入可能在原文中并未出现的符合你品牌的关键词。

方法 6：添加自己的声音。再次提醒，你有自己的声音和风格。我的意思是，如果连一个下水道公共事业都可以有自己的声音（见图 62-1），那我们还有什么借口没有呢?

方法 7：写一个新标题。无论如何，你都需要有一个新的标题，以展现你对某个话题的独特见解。这也是进一步区分你的内容与原作的方法。

方法 8：避免使用“不追踪链接”。“不追踪链接”是带有 rel=“nofollow” 的 HTML 标签的链接。这个标签相当于告诉搜索引擎请忽略此处的链接。添加这样一个标签会降低原作者及其内容被搜索到的频率。请不要冷落原创者！

方法 9：提供两个链接。链接有时会失效。所以，一个慷慨的举动是对作者或

---

① Pawan Deshpande, “Three Big Reasons Why Marketers Should Annotate Their Curated Content,” MarketingProfs.

作品提供双重链接，以便将来有人在一个原始链接失效后也可以通过另一个轻松找到信息来源。对网站文章尤其如此。

比如，我要链接至花生先生（Mr. Peanut）在自己的网站上发布的某篇文章，我就可以先将我文章中的他的名字链接至他的网站，同时提供那篇文章的单独链接。即使花生先生以后将自己的文章迁移至其他平台，他大概率不会更改自己的网站域名。因此，读者仍然可以点击他的名字进入他自己的网站来搜索那篇文章。

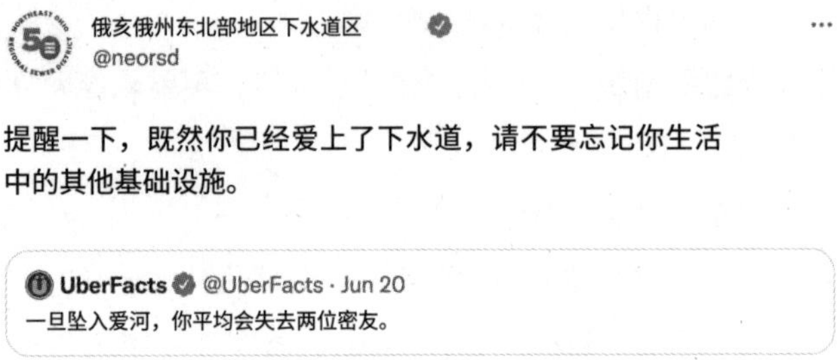

图 62-1 俄亥俄州东北部地区下水道区发布的状态

63

获取和授予内容许可

不要未经许可就在你的内容中使用他人受版权保护的内容。在涉及版权问题时，要事先征得同意，而不是事后道歉。

社交媒体上的转发也不例外。获取任何形式的内容许可，无论是文字、音频、图片还是视频，都需要遵循以下 3 个步骤。

步骤 1：询问。确保你询问的是正确的个人或公司。版权问题可能会很复杂，尤其是涉及音乐或其他有多方合作的作品。

步骤 2：获得书面许可。一些人可能会忘记谈话内容，而其他人可能在涉及金钱的情况下出现健忘症。“书面许可”可以是一封简单的电子邮件。不能依赖电话沟通或面谈，要落实到白纸黑字。

步骤 3：遵守条款。如果你获许使用他人的音频作品在你的播客播放，千万不要以为你可以在视频中继续使用。许可一般是针对特定使用途径的许可。

将寻求许可的过程视为建立关系的机会。人们会感激你对他们工作的认可。这也是展开对话的好时机。与同行业内的其他创作者的交流将拓展你的圈子，促成合作。但是，在未获授权的情况下盗用他人的作品肯定无法建立起任何正面联系。

技巧分享

如果有人剽窃了你的内容怎么办[①]

当你发现有人未经许可使用了你的内容，你应该立即采取以下措施：

1. 如果有网站在未经你允许的情况下使用了你的内容，你应该向网站所有者发送书面通知，比如邮件或信函，告知对方你已发现他们的

① 感谢露丝 · 卡特和克丽 · 奥谢 · 戈尔戈内在本章中分享她们的专业知识。

违规操作，要求他们尽快撤下相关内容。或许你认为对方加上你的署名或链接就可以，请自行决定。

在很多情况下，人们并没有意识到自己已经侵犯了他人的版权。有些人甚至错误地认为原创者应该感到荣幸。

2. 如果网站所有者没有回应或没有立即采取行动，你需要让律师起草一封停止侵权的正式函件。这封律师函将解释版权法如何适用于你在该网站上的作品，并列出对方不尊重你的版权有可能面临的法律惩罚。

3. 如果对方继续忽视或无视你的律师函，那么，你可以有以下 3 种选择。一是诉讼，昂贵、耗时，过程可能令人沮丧。律师露丝・卡特（Ruth Carter）说："除非你提前注册了版权，而盗用你的作品的人很有钱，否则这条路不值得一试。"她补充道："每个公司都应该与知识产权律师讨论他们拥有哪些版权以及如何保护这些权益。"二是联系有侵权行为的网站或它的母公司，并详细说明涉事网站的剽窃行为。三是在剽窃内容出现的所有地方进行投诉。

4. 发送账单和许可证。你或你的律师可以向剽窃内容的一方发送信函，说明："使用我的内容意味着你已经同意我的内容许可条款。这是许可证的副本以及你应付的版权费"以上是律师露丝・卡特的建议。她指出如果你想这么做，你需要在自己的网站上公开你的许可条款或其他有关许可他人使用的说明。

64

如何使用他人原创的内容

克丽·奥谢·戈尔戈内既是一名作家，也是一名律师。即便如此，她的以下分享也不应被视作法律建议。只有你的律师才能为你提供法律建议。

克丽说，版权是作品所有者持有的一系列权利。比如，她写了一本书，就只有她拥有这本书的复制、出版、发行、公开展示以及创建相关衍生品的权利。

可以只给原作者署名吗

从法律角度来说，品牌在使用他人的原创内容进行营销前必须获得书面许可。

给原作者署名是必要的，但是并不能只署名就发布对方的内容，除非原作者是在知识共享许可协议下发布的内容。

知识共享许可允许他人在满足某些条件的前提下自由使用创意作品。不同的许可类型有不同的限制。限制最小的是署名许可。在知识共享许可协议下，往往只要你给原作者署名，你就可以使用该作品。

可以只提供链接吗

如果我是在线下刊物中引用线上的内容，或者在社交媒体中引用，比如在社交媒体上传照片时附上了别人原创的文字，我是否需要联系作者或者征求许可呢？还是说简单提供一个原创内容的链接就可以了？

克丽说，任何时候，如果你要完整地复制所有或大部分的内容，你都需要事先获得许可。

在社交媒体中引用时，只要引用准确无误，且数量不大，那么你提供原始链接就可以了。如果你无法提供链接，比如，内容来自绝版书，那么你应尽可能地提供所有信息以便读者能找到这本书。同时，避免在文章中使用太多不同来源的信息。在这种情况下，我会努力提供全书的标题、出版日期和出版社等详细信息。

无论线上还是线下，在重新使用他人的内容时都要先获得作者的许可。

请务必以书面形式获得许可。记忆会变得模糊，口头同意可能无法明确具体的条款。

如何使用图片

克丽说，有时候，你在使用图片时只标明知识共享许可是有风险的，因为你看到的图片发布者可能并不是版权所有人。一些搜索引擎提供了图片搜索功能。如果你想确定某幅图片的所有者是否签署了知识共享许可协议，可以使用这个功能。

不同类型的创意作品都有版权，包括从音乐、电影、文学、绘画到雕塑等各种门类。因此，大多数不同类型的内容都遵循相同的使用规则。但是，如何运用这些规则依然是棘手的问题，因为你不能像介绍文学作品那样介绍图片。

通常情况下，为了说明你的观点，你需要展示一张完整的图片。这么做就是使用了整张图片。倘若如此，我建议你在使用时提供原创者在社交媒体上发布的信息。如此一来，你便将原始信息提供给了你的读者。

除非我拥有明确的书面许可，否则我不会将别人的图片上传至我的网站上，哪怕我会为作者署名。

如何使用商标

克丽认为，同版权法保护创意作品一样，商标法在保护商标。你可以出于评论、比较等目的显示出了商标，但是，依然需要小心谨慎，不要发布虚假的或诽谤性的言论。

如果你是使用商标来分析有效的商标设计或者色彩设计在消费者购买行为中的作用，那么你不太可能遇到来自品牌方的反对。

相反，如果一家公司的商标出现在了你控诉这家公司如何不负责任的文字中，并流露出你的公司才是最佳选择，那么你很有可能会卷入一场法律纠纷中。

在使用他人的商标时要格外小心谨慎。只有在的确需要的情况下才使用商标或商标截图。

如何使用网上的音频

为什么可以在一些平台比如 TikTok 上可以使用的版权歌曲和片段，在其他平台比如 YouTube 上却无法使用呢？

克丽表示，TikTok 与主要音乐唱片公司和许多媒体公司，比如迪士尼达成了协议。它们允许 TikTok 在其应用程序上播放音乐、角色声音和其他受版权保护的声音。但是，YouTube 与它们并没有这样的协议。

需要留意的是，如果你在平台外上传了受版权保护的歌曲，你仍然可能会收到 TikTok 的侵权通知。如果这种情况数次发生，TikTok 可能会关闭你的账户。

如果你在 TikTok 视频中添加了其他类型的受版权保护的作品，比如电影片段，也会发生同样的情况。

TikTok 上提供的歌曲是经过许可的。只要你不在平台上传外部音乐，就应该没问题。当然，许可协议随时都可能发生变更。

Everybody Writes

第六部分

如何写好 16 类内容

导 读

本书前五部分大致已涵盖了所有你需要的内容，相信你现在可以创作出让自己备感自豪的作品了。

然而，由于营销人经常需要承担特定类型的写作任务，因此在第六部分，我会专门讨论一些营销人最常见的写作任务。

前面的章节为你掌握写作技能奠定了坚实的基础，而接下来的16 类内容写作标准和方法，将让你写出的内容像用热熔胶黏合的积木塔一样稳定。

请随时参考这一部分的建议。在网络会议中，当其他人都在静音，等待你发言时，这一部分的知识会让你显得果断且见多识广。

当上司要求你为新产品发布会准备一个视频脚本时，请翻到本部分寻求帮助。 当你的团队决定重新制作公司的订阅邮件，而你察觉到事情似乎在偏离轨道时，请使用它。当遭遇公关危机，需公开应对时，这些建议也将为你指点迷津。当你的用户需要一份通用介绍或者在大型舞台上发表演讲时，请翻阅这一部分的内容。

这里提供的指南就是经验之谈。写作没有固定的模式。无论是撰写电子邮件、制作信息图表，还是设计“关于我们”的页面，都没有一种统一的方法。

你可以随心所欲地调整、完善或摒弃这些指导原则，在探索与实践中，找到真正适合你自己和你的用户的写作方式。无论怎么说，从这里开始，你有了一个起点。

65

内容的长度标准

“一篇推文应该多长？”“订阅邮件的理想长度是多少？”我经常被问到这些问题。也许你也是。

8年前，我说过短视频应该有3.5分钟，播客应该有22分钟，因为那是当时平均的通勤时间。

但现在，已经不存在所谓的“完美长度”了。

因此，很难准确回答究竟要制作多长的内容。或者说，这已经不是一个好问题。

在极少数情况下，字数确实很重要。

但在大多数情况下，读者并不关心字数。

归根结底，内容在搜索引擎中排名靠前的原因在于“深入地探讨了某个主题，从不同角度回答了问题，并努力制作了最佳的访问页面”，营销人安迪·克雷斯托迪纳说道。

你知道我最喜欢哪一个词和“营销”连在一起吗？——真诚。

“营销”与“真诚”并未被频繁联结。我们其实需要它们在一起。

关于“完美长度”的问题，事实是，用户不在乎长度。

如果一封2 000字的订阅邮件能让读者感觉不到其长度，而是像在进行一次愉悦而富有收获的阅读之旅，那么你的读者会喜欢它。

如果一段30分钟的视频让你的潜在用户感到有趣，他们会观看它。

搜索排名和页面浏览量的价值被高估了。被少数人深爱远比被多数人浅尝辄止重要得多。

对于我们大多数人来说，长度真的不重要。

技巧分享

一些基本内容的长度指南

网站文本的理想长度是一行 12 个词。

如果一行文本太长，读者读起来就会感到费劲。他们必须来回地移动眼球，就好像你的句子可以让读者的眼球动起来。

“更有可能的是，读者会丢失阅读重点，”安迪补充道，“这会减慢阅读和理解速度。”

段落的理想长度是三四行，一行也可以。留白是阅读中的氧气。

标题标签的理想长度是 55 个字符。标题标签是你的链接文本，是在 Google 搜索结果中以大号字体显示的第一行。

描述标签的理想长度是 100 ～ 150 个字符。Google 通常会截断超过 150 个字符的描述。元描述显示在搜索结果中，是出现在标题标签正下方的描述性的文本片段。

66

写直销邮件

电子邮件是营销世界里的洛奇[1]。洛奇在早年是被他人低估却总能反败为胜的标志性人物。

在网上冲浪时，你可能时不时就被“电子邮件已死”“邮件销售不如直播卖货”或者“没有人再阅读邮件了”这样的标题给绊倒。

它们全是套话。它们也全都不是事实。

就像年轻的洛奇一样，电子邮件总是能打败其他的竞争对手。一些研究表明，在电子邮件上每投入 1 美元，就会获得 38 美元的潜在回报。[2]

是的，“潜在”这个词就像在费城的洛奇的石阶一样高大。在电影中，洛奇跑上了那标志性的 72 层石阶。电子邮件作为一种营销渠道，依然在为营销人产生最高的投资回报率。

那么，要如何抓住这个潜在的机会呢?

让我们在这里着重讨论如何写出更好的直销邮件。

方法 1：对短电子邮件和长电子邮件进行选择是一个错误命题。两者无优劣之分，只是不同而已。重点是你发送邮件的目的是什么。

如果想要激发对方点击或给出直接回应，选择短电子邮件。

如果想要培养关系并建立联系，那么一封长电子邮件则更为恰当。在本章，我们主要讨论短电子邮件。

方法 2：韵律可以让人感觉正确。当你以押韵的方式传递信息时，读者可能

---

① 洛奇·巴尔博亚是由史泰龙主演的同名系列电影《洛奇》的主角。该系列电影始于 1976 年，讲述的是寂寂无闻的洛奇通过自身努力成为一代拳王的故事。——译者注

② “The New Rules of Email Marketing,” *Campaign Monitor*.

会更易于记住并相信这些信息。营销人者南希·哈胡特（Nancy Harhut）教会我这一点。

为什么押韵会更有效？其背后有不少的科学依据。其中一项研究的标题是“物以类聚”（*Birds of a Feather Flock Conjointly*），说明押韵会让人们更易于记住表达的内容。[1]

南希让我看到了“伊顿－罗森”现象，或称“押韵合理即偏见”，人们会认为押韵的短语更真实或更准确。

南希说：“大脑更容易处理有韵律感的东西，所以它们让人感觉正确。当一件事感觉对了的时候，你往往也会自然地认为它就是事实。”

当你想要激发行动或者让用户点击鼠标时，押韵就非常有用。所以，可以在电子邮件主题行、邮件中呼吁行动的部分、广告文案、登录页和标题中运用押韵的技巧。

方法 3：在呼吁行动中突出“行动”。让你的呼吁真的可以行动起来。

使用积极的动词。动词蕴含更多能量，能够激发更多的行动。

比如，不要用“现在购买”，可以用“挥别冬天”；不要用“在这里获取电子书”，可以用“抓住你的副本”；不要用“注册”，可以用“加入对话”。

方法 4：在呼吁行动中融入你的声音。将呼吁行动作为一种手段，来凸显或拓展你的品牌个性、语言风格、独特之处、奇思妙想以及对生活的热爱。

比如，不要用“在此处点击下载指南”，可以用“获得你的副本”；不要用“更多信息”，可以用“查看详情”；不要用“了解如何避免职业倦怠”，可以用“和职业倦怠说再见”。

方法 5：放弃暗示。用户可能在努力理解后仍毫无所获。那么试试将“看看如何”替换为“发现”；将“学习”替换为“最终理解”；将“分析”替换为“准确预测”。

方法 6：摘要文本是你的旁白。摘要文本是在打开邮件之前显示在主题行旁边或下方的小句子。Home Chef 食品公司将优惠放在摘要文本中，简简单单吊足消费者的胃口。（见图 66-1）

---

① M. S. McGlone and J. Tofighbakhsh, “Birds of a Feather Flock Conjointly (?): Rhyme as Reason in Aphorisms,” *Psychological Science* 11, no. 5 (2000): 424–428.

图 66-1 Home Chef 的摘要文本

资料来源：SparkPost.

方法 7：个性化并不完全是技术策略。通过使用科技和数据，个性化成了一种可扩展的能力，可以为我们的用户量身定制电子邮件和体验。这很好很强大。但是，科技和数据听起来冷冰冰。如果你有技术支持和内部资源，可以根据人们的行为和选择进行分析，把最好的消息在最佳的时间发送给最合适的公司或个人，那么请大胆去做吧！

但是，如果你的营销团队很小且操劳过度，或者你甚至只是一个人的电子邮件团队，那么请振作起来！

如今，个性化是一种技术策略。但是，个性化也是人类创造与关怀的结晶，是一种由创意和关怀调制出来的药剂，经过共情能力优化，继而通过技术使其发挥作用。

个性化意味着关怀。

不要再像营销人那样说话了，就像普通人那样说话吧。

方法 8：没有一种度量指标可以完全衡量你的成功。电子邮件是一种关系，而不是简单的首字母缩略词。随着时间的推移，多种指标所呈现出的模式比任何单一的指标更有用。尤其在如今邮件阅读率越来越低的情况下更是如此。

每一个直销邮件的衡量指标都应该有一个伙伴。你的电子邮件测量方式需要一个与之配对的“伙伴系统”。

这个观点来自 Google 的数字营销专家阿维纳什·考希克（Avinash Kaushik）。他认为只看一项指标是“单一的业绩评估暴政”。[①]

配对指标系统可以确保你的内容在正确的路径上。比如，如果你的目标是产生

① Avinash Kaushik, “Excellent Analytics Tip 26: Every Critical Metric Should Have A BFF!”, *Occam's Razor*, May 19, 2014.

5% 的转化率，那么你也许会通过挑选渠道、价格优惠和商品定位，或者提供大幅折扣来实现这一目标。他补充道："我可以给每人 50 美元的折扣，我可以决定不去争取竞争对手的用户，我可以忽略增量性，等等。企业获得了 5% 的增长率，但却失去了长期利益。"

但是，阿维纳什表示，如果你将转化率与收入相匹配，你将获得更好、更健康的长期结果。配对合适的伙伴可以为整个业务创造平衡。

技巧分享

针对非响应性邮件列表的建议

如果你在邮件营销领域已经工作了一段时间，可能会发现你的邮件列表中有一部分人总是忽略你的邮件。这是否意味着你已经失去了这部分潜在用户？未必。《反叛指南：邮件营销》（*The Rebel's Guide to Email Marketing*）的合著者 D.J. 沃尔多（D. J. Waldow）建议试着通过一些出其不意的动作来改变你与这些人的关系。

在列表中将最近没有打开过你邮件的人单列出来。专门为他们定制信息，内容要稍微有些奇怪、幽默和符合你的品牌特点。"无论你平常是怎么做的，这一次都反着来。"沃尔多说。你的目的是激发对方做出反应。

保留那些从不响应的邮箱地址很好，但清理一下可能更好。沃尔多说："电子邮件的信息只有在有人愿意与你交流的情况下才能发挥出最佳效用。"

因此，如果你始终得不到回应，那就进行一次清理。

67

订阅邮件被忽略的 11 个价值

有人称订阅邮件不够时尚，有人嘲笑它过于老派，也有人为了其他的新颖选项而彻底忽略它。我看到你了，在线直播！

然而，订阅邮件始终是高效营销的关键组成部分，我有 11 条理由。

理由 1：人性化。订阅邮件是唯一一个由人而非由算法控制的领域。Gmail 的算法确实想在你的收件箱里施加影响，迫使你优先打开它希望你打开的电子邮件。但是，大部分情况下，电子邮件仍然是由收件人自己决定查看对象的。

理由 2：个性化。大多数机构都将它们的订阅邮件作为一种信息分发的策略，来分享其他内容。但是，订阅邮件本质上是非常个人的。它通过你的语言和措辞培养和维系一种关系。它是一个人写给另一个人的信件。订阅邮件中最重要的永远是邮件本身，而不是其中的新闻。

理由 3：经济。我们在前一章中已经谈到了电子邮件的 38:1 的回报率。在此，我不再引用统计数据。但我想提醒所有人：电子邮件作为一种营销渠道，为营销人产生了最高的投资回报率。

理由 4：完全所有。我喜欢社交媒体。但是，我们容易受到社交媒体平台商业重心的各种变化的影响。相比之下，你对自己的电子邮件列表和数据库拥有完全的所有权。你不必像在 Facebook 上那样支付费用才能得到数据。你可以随时切换电子邮件的服务提供商，并将所有你的用户打包进你的随身行李袋，因为这些数据完全归你所有。

理由 5：无人干涉。从某种意义上说，没有人“拥有”电子邮件。在电子邮件的世界中，没有任何一家公司或机构把守着入口，向你随心所欲地收取费用。

如果我们想在社交媒体平台的数字道路上行驶，他们的收费站会收取变化不定的费用。到底收取多少服务费取决于我们想要行驶的速度。当然也有免费车道，但是那里的限速可能是每小时 3 千米。理论上讲，你最终也会到达目的地。但是，大多数人会因为时速太慢而不得不放弃。

理由 6：更自由。电子邮件与社交媒体的区别：企业会为电子邮件提供商的服务付费。换句话说，电子邮件的商业模式更简洁、更直接、更透明。

理由 7：品牌化。你的订阅邮件是你和你的用户之间的直接联系。它的一切，从语气、视觉到氛围都是属于你的，且只是你的。

理由 8：可信。订阅邮件的基石是信任。订阅者之所以选择订阅，是因为他们相信你会提供有价值的内容。如果你食言，他们就会取消订阅。那就意味着你再也不能回到他们的邮箱里。

理由 9：互动性。我们可以给订阅者或用户发送信件，他们也可以按回复键写信给我们。当然，大多数情况是这样的。

理由 10：稳定。在社交媒体平台上看到了一篇文章，之后你再想找到它？哎，那个人是周二发的，还是周三发的呢？等等，也许是上周？可是，电子邮件就在你离开的地方。你看，你随时可以向它挥手！

理由 11："慢速社交媒体"。在过去的几年里，我浏览 Facebook 的时间越来越少。订阅邮件取代了 Facebook 成为我获取信息、保持联系的方式。我的新闻消费变慢了。这是好事，它给了我时间，让我能够在没有社交媒体评论、点赞的情况下拥有自己的想法和感受。

我可能最终还是会在社交媒体上分享我的想法，但不同之处在于，我能够对某个问题先进行思考。换句话说，我可以独自一人在深水池中先游上一段，而不必担心被从跳水板上跳下来的评论者的言论溅湿。

订阅邮件让我具备了先思考后发言的能力。这在社交媒体上几乎是不可能的，特别是在热点问题上。这就是我称电子邮件为"慢速社交媒体"的原因。

订阅邮件当然不完美。在某些方面，订阅邮件可能会令人沮丧和失望。我们要找到一种改善订阅邮件的方法。接下来让我们讨论如何才能写出或创建出他人必读的订阅邮件。

68

写好订阅邮件

订阅邮件最重要的部分是邮件，而不是新闻。

2018 年 1 月 28 日，我向 2 111 名订阅者重新发送了我的订阅邮件“Total Annarchy”。自此之后，我开始对订阅邮件情有独钟。现在，每隔一周的周日早上，有将近 50 000 人会收到我的订阅邮件。从 2 000 到 50 000，读者数量增加了 2 400%。但是，我看重的是参与度，而不是规模大小。

规模是副产品，不是目标

以下是我撰写订阅邮件以及增加读者参与度的方法，这两者是相辅相成的。让我们谈谈什么方法有效，什么方法无效。重点在于你可以借鉴使用。

方法 1：创造你希望看到的作品。多年来，我一直在寻找一份专注于写作和讲故事的订阅邮件。也就是说，想让写作变得有趣且引人入胜。写出来的东西，我自己都想读。

可为什么就没有呢？我沉吟思考，进而想：营销要如何才能看到写作的力量？

方法 2：先充实自己。在写作订阅邮件的过程中，我得到了许多快乐。我希望订阅者在阅读时也能拥有同样的快乐。

如果你心怀恐惧或不快，你是不可能写出好作品的。如果我写订阅邮件的时候就像是正在接受根管治疗……

我有一个奇怪的指标，那就是我希望每一期都能引得自己哈哈大笑。

方法 3：说 NO。对于写作内容，“你不写什么”和“你写什么”是同样重要的问题。

方法 4：有一个明确的定位。在一个内容过剩的时代，你的定位很可能已经被人占据了，不过没关系，你可以加入自己的观点。你的声音是唯一不可被复制覆盖的东西。

方法 5：设置可管理的时间表。说一句“我只有在想写的时候才会写”是行不通的。这只不过是你给了自己一个不发布、不更新的借口。

设定时间表，坚持下去。一周一次、一周两次、每两周一次……都可以，信守承诺，按时出现就好。

方法 6：目的决定目标。我创建订阅邮件的目的是与用户建立关系，并让对方觉得有趣。这个目的让我专注于对我来说重要的事情。我只会看一眼打开率和点击率。我更在意的是自己创立的一些跟踪指标：

- 打开保存率（OSR）：你的用户会保存你发送的电子邮件吗？
- 打开回复率（OWBR）：有多少人会回信与你对话？尤其是那封重要的欢迎信。
- 重新订阅率（RR）：当人们换工作时，他们是否会用新的电子邮件地址重新订阅？
- 使用私人电子邮箱订阅的信任率（TUPER）：有多少订阅者认可你的价值，并使用私人邮箱来订阅？

我会在欢迎邮件中主动询问这些问题，会看人们在社交网站的留言，也有人直接写邮件告诉我。

方法 7：做一些看似不可规模化的事情。因为随着时间的推移，这些看似无法规模化的事情终会扩展。

重点就是慢下来，专注于真正重要的事情并投入其中，比如：

- 花很多时间在打磨上。我平均花 8 小时写一份订阅邮件。对我来说值得吗？当然。
- 在意你传达出的声音。你发送的邮件一次送达一个人。要用你最真诚的声音、你的个性、你的观点来传达信息。所以，我一再强调重点是发邮件，而不是新闻。你在展示、表达你是谁以及你是如何思考的，而不仅仅是你思考的内容。分享你的想法可能会吸引一位观众，但是分享“你是谁”以及“你是如何思考的”将在你作为作者和你的读者之间建立起一种联系，甚至是持久的联系。

你可能需要一段时间才能显露自己的声音。你的第一期订阅邮件可能还显得有点笨拙、不自然，甚至不尽如人意。这没关系。想一想后来你喜欢上的电视连续剧的第一季。一开始，那些角色可能看起来既木讷又奇怪，演员可能需要一段时间才能完全放松下来并融入角色。订阅邮件的作者也是如此。

- 花时间与订阅者建立关系，这很重要。
- 花时间与有影响力的人建立关系。有影响的人对于写作者、营销人来说，很重要。
- 称赞他人的优秀作品，分享你的爱。不要期待和要求他们给予回报，否则那不是友谊，而是胁迫。

方法 8：放弃强制注册会员、引导磁铁[①]和弹出式广告。它们有效果，但并不适合每个人。如果你决定使用它们，请确保你清楚自己的具体目标，而不是仅仅因为你阅读了一篇有关如何扩大订阅量的文章而盲目跟风。

我曾经在我的网站上设置了一个电子邮件注册的弹出式广告。头脑发热了一秒钟之后，我又取消了。我觉得那不是我应该做的。我更关心订阅名单的质量，而不是数量。我希望读者和我之间的关系能够成为最终推动订阅量增长的关键因素。

方法 9：发件人比主题行更重要。有大量的工具可以帮助你优化你的主题行。但是，优化发件人没有任何捷径可走，完全取决于你以及你所提供的价值。

方法 10：一个与你的订阅邮件有关的“主理人”。订阅邮件的发送人应该属

---

① 一种营销工具，通过给潜在用户提供有帮助或有价值的内容来获取他们的个人联系信息。引导磁铁可采用电子书、白皮书、在线测验等形式。——编者注

名，而不是只留一个邮箱地址，我讨厌写着“勿回复”的邮箱地址。

不过，我知道 B2B 的公司会反驳说：“我们是 B2B 呀。”

正因为如此，你们更需要一位“主理人”，因为这样可以使你们的公司更具有人性化和可访问性。

这就是《纽约时报》会通过其资深撰稿人戴维·莱昂哈特（David Leonhardt）来发送晨间订阅邮件的原因。类似的还有，CB Insights 公司的每日订阅邮件会以首席执行官阿南德·桑瓦尔（Anand Sanwal）的名义发送；技术公司 Toast 会通过真实存在的团队成员泰勒·库梅拉（Tyler Cumella）发送其订阅邮件。

方法 11：抛弃一切带有“尊敬的用户”的字眼。用“亲爱的”来代替。你是在写给一个人，而不是一群人，这一点非常重要。

方法 12：要多使用“你”。数一数你的订阅邮件中使用了多少个“你”。

方法 13：整合上下文。写清为什么我要与你分享以及为什么我认为它很重要。

方法 14：主要发见解，偶尔有推广。绝对不能颠倒过来。

方法 15：关注引导新用户。你可能不再有第二次机会给用户留下第一印象了。告诉用户，当他们订阅时，他们会得到什么，注意你传达的感觉是什么，以及你表达的语气是怎样的。

以下是一些引导方法：

- 击掌祝贺。订阅者应该立即得到一条友好的、人性化的欢迎消息。用你自己的语气与语调，不要使用电子邮件提供商的默认信息。
- 设定期望。设定期望可以消弭愤怒。表明你何时会发送，你会承诺什么内容。

  我之所以明白这一点，是因为我经历了一次失败。有一位女士在某个周日早上收到了我的第一封订阅邮件，结果她退订了，并留言说：“我不想在周末想起工作!!!!!”她一连打了 5 个感叹号！就连标点符号都在怒吼。但也是我活该。

  现在，我会明确告知订阅者，他们会收到订阅邮件的具体内容和具体时间。

- 设置一个简单易懂的问题。邀请订阅者回信告诉你关于他们的一些信息。如果他们真回信了，你就会对订阅列表上的个人有所了解。

  我希望打招呼的欢迎邮件有 50% 的回复率，也就是说，我希望有一半的人在收到我的邮件后可以给我回复。目前，我发出的邮件大约有 30% 的人会点击回复。我在这方面仍需努力。

方法 16：鼓励订阅者分享。在每一期的订阅邮件中，可以巧妙地邀请当前的订阅者与他人进行分享。巧妙是说不要显得太功利，让人感觉比起在你面前的这个订阅者，你似乎更在意他为你邀请的下一个。

方法 17：创造阅读动力。不要让 1 500 字的文章读起来真有那么长。创造阅读动力的办法有：写短句子，写短段落，打破格式，留白，采用相同的模板和格式，强烈又亲切的写作风格，在邮件底部设置一个“滚动条”。激发订阅者的好奇心，让他们想要一探究竟，看看这封邮件到底藏着什么惊喜，即使你这一周的内容未能引起他们的注意。滚动条可以是一个笑话、一个双关语、一条内幕信息等。通过持续提供有趣或吸引人的内容，吸引用户继续往下滚动阅读。

方法 18：在订阅邮件之外也要造势。你的订阅邮件不是一座高塔，而是通往你其他营销活动的桥梁，特别是你的社交媒体。这是一个双向宣传，让你的社交媒体也给予你的订阅邮件一些支持吧。

方法 19：在社交媒体上做推广。重点是分享价值，而不是讲述事件。

方法 20：使用其他推广策略。涓涓细流必将汇成江河，比如：

- 用户推荐。当前订阅者直接将邮件转发给朋友。
- 社交媒体分享。当前订阅者在社交媒体分享。
- 演讲、播客等宣传。比如：“如果你喜欢我所说的内容……请订阅……”
- 专家推荐。
- 意想不到的推广。一位名叫阿维的新订阅者在邮件中写道：“我实际上是从我的脊椎按摩师那里第一次听到了你的名字。他告诉我他都是亲自写文案，从来不花时间和精力找别人帮忙。他的写作知识都是从安·汉德莉的书里学来的。”

方法 21：做出没有人做过的东西，提供比用户的合理期望更多的价值。如果你能做到这一点，你的收获将会比你的付出更多。

你会成为一个出色的写作者，更深入地了解你的用户，让他们在细微处理解你所提供的价值。

69

写好网站主页文案

英文中常用 Home 来指代网站的主页。这个词让人联想到温暖、归属感，以及那个 Wi-Fi 可以自动连接的地方。

这就是你在编写自己公司主页内容时要有的心态。公司主页是输入公司域名所出现的网页，是企业的大门。

你希望客人在踏进门的那一刻就感到舒服，感到你很高兴见到他们。

因为这是你的公司，你希望他们立刻就能感受到你是谁，你在做什么，为什么你做的事对他们很重要。

写作没有固定的模式。写主页文案自然也没有固定的模板。

与你的公司业务性质和目标相关的诸多因素都会影响你的主页是否成功。我会提供一些通用的方法，而非具体的操作规则。

方法 1：关注谁点进来，谁退出去。谁是你的用户？你想要吸引谁？同样重要的是，你不想要吸引谁？所有好的内容都根植于对用户的清晰了解。听上去显而易见，但事实上，我们常常忽视用户，只在主页上谈论自己。

比如，你可能会想利用主页来表明自己是“世界领先的 B2B 营销培训和研究机构”。这可能是真的，但是在这个描述中，你的用户在哪里？他们为什么要在意你呢？

相反，你可以试试这样的表述：“通过我们的培训和研究，你将做出更明智的销售决策并更快地拓展业务。”这句话清晰地告诉了用户，你对他们具有什么样的价值。

方法 2：知道什么在激励和驱动着用户。主页应该轻声细语地说：“我们了解你。你属于这里。我们理解你所面对的挑战，你的恐惧、痛苦、希望和需求。我们愿为你分担，成为你的后盾。我们将向你伸出援手，助你一臂之力，帮助你朝着正确的方向前进。我们的支持是全方位的。”

网站主页的主要标题应该传达出这种以用户为中心的价值观。最浪费的就是随口说一声“欢迎”。切记：你的价值不在于你所销售的，而在于你能为你的用户做什么。这种观念的转变看似微小，却意义重大。

如果你的主页能够巧妙地消除用户的反对意见，那就更好了。

电子邮件提供商 Knak 的主页上写道：“无须编程，企业营销团队即可创建电子邮件和登录页。”

接着，为了缓解这句话有可能会带来的无声的恐惧，比如，“听起来好难啊”或者“我的电子邮件和登录页会和其他公司的一模一样吗”，Knak 增加了几句方案：“几分钟内构建完成。创建实时合作。始终维护品牌特色。”

方法 3：保持简洁明了。不要试图用大量图文来填充空间，特别是在网页打开时先出现在网页浏览器中的部分。

你的产品或服务可能需要更多的解释，或者可能更加复杂。

那也没问题。将你的价值简化为最简单、最基础的要点。

抑制住那种想要立刻详细解释的冲动。那会让人感到压抑。

方法 4：使用你的潜在用户常用的词语。

使用你的潜在用户熟悉的词语而不是你在公司内部使用的词语进行表达。

方法 5：大胆用“你”。在你的首页上，更多地使用“你”而不是“我们”。

方法 6：展示你的特立独行。自由撰稿人玛格·亚伦（Margo Aaron）在自己的网站主页上放了一张自己的大幅照片，主页上写着：“他们说如果在这里放我的一张照片会增加我的转化率。”

我特别喜欢她的这个主页设计，原因是：①她在自嘲中流露出真实；②她的用户也许因为看到了她的有趣而关注了她；③没有任何一篇最佳实践文章指导她这么做，一切都是她的原创。

当你进入北卡罗来纳州柯里塔克县经济发展局的主页（见图 69-1）时，你会看到两个按钮：左边的按钮是标准样式，而右边的有些特别。

对于任何一家公司来说，“呼叫拉里（CALL LARRY）”这样的行动按钮都很特别。在这里，我们说的是县一级的经济发展局，而拉里是谁呢？——柯里塔克县经济发展局的局长拉里·隆巴尔迪（Larry Lombardi）。

我拿起电话拨打了拉里的号码，接通了。拉里告诉我，他每个月大约会接到15个电话，其中大多数人并非像我一样是随意打来的。拉里最近接到的一通电话是一位女士打来的，她询问如何办理营业执照。

“我很乐意聊天，”他说，“即使这不是一个真正的机会，但我总能学到些东西。”

图 69-1 柯里塔克县的主页

那么，为什么拉里的这个案例与你的业务有关呢？让我们来分析一下：

- **让文案反映出你是谁。**你可以在互联网上读到各种教你写作文案的文章。但是没有一个会教你写上“呼叫拉里”。最有效的文案会反映出你是谁，而不仅仅是你在销售什么。
- **重点是行动。**行动很重要。看看柯里塔克县经济发展局的做法。它直接写的是“呼叫”，而不是联系、发短信或传真，也没有一个叫“拉里”的聊天机器人弹跳出来和你对话。你知道谁希望你打扰他吗？是拉里。

  另外，电话沟通更易建立一种信任和亲密的关系，因为这种沟通方式朴实、老派。

拉里说："人们知道你是做什么的。你必须让他们对你感兴趣。"

- **这不是一处孤立存在的文案。**单独设置一个"呼叫拉里"的按钮看上去会很奇怪。它之所以起作用，是因为它以明确的方式表达了该机构所做的一切。拉里的名片背后也印着"呼叫拉里"。宣传资料和展示广告采用的是同样的文案。你收到的订阅邮件的确也是以拉里的名义发出的。

那么，什么是你类似"呼叫拉里"的机会呢？

70
写好“关于我们”

最好的“关于我们”页面并不是真正关于公司本身的，而是侧重于传达公司与访客之间关系的页面。

“关于我们”页面给予了我们一个谈论自己的机会。但是，时刻要记得，谈论的背景始终是我们可以为用户做些什么。你注意到了吗，这是到目前为止本部分每一章都在强调的一个共同主题。

“关于我们”页面是一个展示个性、突出自我和讲述故事的好地方。

Innocent 饮料公司有一段话：“我们在 1999 年创立 Innocent 饮料公司时怀揣着一个梦想，那就是让人们的生活变得更好。”这家果汁公司在“关于我们”页面的第一句话清晰说明了它可以为你做什么。

以下是“关于我们”页面应遵循的一些写作准则。

准则 1：展示人性化、亲切的一面。用与你的公司匹配的语气进行编写，不要使用诸如“最佳”“世界知名”“最前沿”这样的词语。

准则 2：展示真实的人物形象。莱文菲尔德·珀尔斯坦律师事务所通过视频成功展示了律师可亲可爱的一面。但你其实还有很多选择：个性化照片、个人社交资料的链接、员工的业余活动、喜欢的名言、喜欢的音乐、喜欢的旅游景点、喜欢的果酱馅饼等。这些都可以用来展示你的团队。

准则 3：添加彩蛋。在“关于我们”页面上给访客一个惊喜。视频公司 Wistia 添加的一个彩蛋是，访客输入“跳舞”这个词，然后就可以看到他们的员工疯狂起舞的视频。

准则 4：邀请用户走进你的故事。用户为什么要在乎你做的事情呢？你是如何帮到他们的呢？要回答这些问题，用户的反馈非常重要。你可以将他们的反馈制作成视频。

71

写好访客登录页

我儿子埃文三四岁的时候，在一个下雨的下午，我带他去了一个海边的大型游戏厅。我以为闪烁的灯光、热闹的游戏，比如，青蛙过河、银河战机、大金刚等会让他非常兴奋。我以为我们会度过一段欢乐的时光。

没想到，他站在游戏厅中央表现出了犹豫困惑、不知所措。他心不在焉地把几个小球扔上斜坡，然后转过来问我："妈妈，行了吗？我们可以走了吗？"

我们经常登录的网站页面就给人这种走进了游戏厅的感觉。登录页既没有邀请也没有引导，反而让人一时无所适从。

点击登录页的访客往往是通过电子邮件、社交媒体或广告投放等被吸引而来的。因此，制作有针对性的登录页是一门艺术。

一个高效的登录页应该包含足够有效的信息让访客一一了解，而不是一上来就冲着对方的眼睛放烟花。

你可能想要在登录页上加载一些花里胡哨的功能，比如弹窗广告、页面游戏等，把它设计得像一个热闹的游戏厅。千万别这样做。简单明了、聚焦明显的导航才是王道。

以下一些提醒能帮助你打造一个高效的登录页，让你的浏览器将访客转化为购买者或订阅者。

提醒 1：确保访客在访问网站后能立即获得期待的信息。如果你用承诺诱导潜在用户，那么请确保在他们采取行动后的第一件事就是兑现承诺。不要让他们在一个完全不同的地方"登录"。

提醒 2：将重心放在你对他们有什么价值上。以利益为导向，而不是产品驱动。

副标题和文案最好言简意赅。在标题下方添加副标题是一个不错的方法，来突出解释产品的主要优点。在营销领域，"字多还是字少"是一个有争议的问题。我属于字少派。我喜欢在登录页上读到很少的字，最好是易于阅读、简明扼要的重点列举，同时有视频或图片配合说明。

一个提醒：不要将视频或音频设置为页面加载后自动播放。这么做不仅烦人，而且突然出现的声音也可能会把用户吓到。

提醒 3：化解反对意见。是什么让一些人不愿意购买、点击或下载？

通过你要求访客填写的表单搜集最相关的信息，不要增加用户的负担。

尽量缩减页面上的文字和图片，页面上的内容越少，你就越能够在折叠线以下的重要空间中突出重点。

提醒 4：借助来自他人的验证。使用信任信号来减少焦虑。通过包含信任信号的渠道来建立可信度：专家推荐、社交证明、第三方信任、安全验证、满意度保证、有影响的人认可等。使用具体的数字，越具体越可信。

提醒 5：呼吁行动起来。一旦访客进入登录页并选择了你提供的服务，请确保他们知道接下来应该做什么。将“呼吁行动”的号召放在一个明显的位置。

访问登录页的人都是被吸引而前来访问的。请针对登录页的访客直接使用“你”“你的”，并搭配一些积极主动的动词，诸如“获取”“前往”“开始”“尝试”，尽量避免使用“提交”这种冷冰冰的表述。

技巧分享

登录页的表达测试

你的产品和服务是独特的，你的用户也是。

测试哪种表达既适合你的用户也适合你的产品。最简单的是，尝试两个版本的表达来检测哪一个表达更好。

比如，你的两个版本分别是苹果和橘子。一旦你确定苹果比橘子更能完成转化，你可以进一步测试不同品种的苹果，比如确定是不是蜜脆苹果相比于澳洲青苹更能完成转化。然后，优化你的方案。

72

写好标题

如何毫不费力地写出令人难以抗拒的标题？资讯网站 BuzzFeed 发展如此快，部分原因就在于它能够编写出令人难以抗拒的、引人好奇的、抓人眼球的标题，在标题界引发了革命。①

它的出现帮助我们认识到，好标题是人读起来喜欢的标题，而不仅仅是搜索引擎偏爱的标题。

它开创了一种更具对话性的标题编写方式。

它提升了标题的地位：从仅仅告知读者文章的内容，到现在告诉读者文章能给他们带来什么好处。与 BuzzFeed 出现之前的标题相比，现在的文章标题将共情能力提升了 97%。②

它帮品牌看到了编写一个我们想与朋友分享的标题的价值。

讲故事的人也可能会欣赏这种标题赋予文章的个性特点和背景说明。

我们大多数人并不需要我们的内容像 BuzzFeed 一样呈病毒式、无孔不入地传播。我们的内容营销目标更稳健持久，因为我们寻求的是与用户加强关系，而不仅仅是点击率。

我们的目标是帮助那些我们能够接触到的人，为他们创造价值。我们希望创造出一些有用的东西，让他们对我们心存感激。我们的目标就是发展用户，建立连接。

---

① Farhad Manjo, "BuzzFeed's Brazen, Nutty Growth Plan," *Wall Street Journal* online, October 14, 2013; Jeff Bercovici, "With 30M Uniques under Its Belt, Upworthy Is Ready to Monetize," *Forbes* online, July 1, 2013.

② 这是个虚构的统计数据，但这并不意味着它不是真的。

但我们仍然可以加入标题革命！下面是借助标题激励连接和分享的 12 个方法。

方法 1：90%的清晰简洁，10%的构思巧妙。你的文章主题是什么？你的标题能否在脱离文章内容的情况下独立存在？

写标题的诀窍在于：用和写作本身一样多的时间去思考标题。标题不是锦上添花，不是奶油蛋糕上的翻糖点缀，也不是最后的润色或修饰。

方法 2：适度创造好奇心缺口。BuzzFeed 会创建有足够吸引力的标题来激发读者点击阅读的兴趣，这种方法叫创造好奇心缺口。我们应该抓住好奇心，但要避免过于夸张，要确保文章能履行标题的承诺。

《14 种令人惊讶的种植南瓜的方法》只有在这 14 种方法的确让你的读者感到惊讶时，这个标题才有效果。

《14 种可以在小到令人难以置信的容器中生长的南瓜品种》只有在种植容器真是小到了极致时，这个标题才合适。

方法 3：将读者直接置于标题之内。《14 种南瓜》是一个索然无趣的标题，因为它没有举起一面镜子，让读者在其中看到自己的影子。但是，《城市阳台上可以种植的 14 种南瓜》一下子就与读者直接相关了。它反映的是“你可以种植”。

方法 4：借助数字让传达具体明确。数字为读者设定期望。我喜欢奇数，比如 19、37，因为它们可以带来出人意料的效果。

方法 5：加强紧迫性。这并不意味着你要把“立即”钉在每一个标题里。不过，我们的确要思考：为什么读者现在需要知道这个你写的内容？

方法 6：在读者脑海中描绘一个画面。

方法 7：提问和回答。《物价普遍上涨了吗？》很有吸引力。但更好的标题是《不，并非所有物品都涨价了》。对于刚刚花了 40 美元买了一斤香蕉的读者来说，他会好奇还有什么是没涨价的。

方法 8：加上一个具体的细节。比如，《我变成了“宅男”——只要问问我最好的朋友菲洛登就知道了》。

方法 9：关键信息前置。特别是对搜索引擎优化和移动设备浏览尤为重要，因为在这些情况下，标题的后半部分很可能不显示。

方法 10：让人感到舒服更重要。你的标题首先应该让人感到舒服，其次才考虑搜索引擎。能被人找到很关键，但能赢得读者的喜爱更重要。

方法 11：以不同的方式编写 7 个标题，挑选一个最好的。为什么是 7 个？因为它足以让你开动大脑，但又不至于让你感到不堪重负。

方法 12：大声读出来。怎么样，听起来自然吗？

73

写好信息图表

信息图表就像你在营销派对上赠送的小礼品，能够鼓励用户大方地转发，从而为你传播信息。

顾名思义，信息图表是以图表方式呈现的信息，包括图画、地图、表格等元素，所有这些元素都有一个连贯的视觉主题，通常以图片或视频的形式发布。

信息图表通常有以下 4 种形式：展示某个商业领域或职能的“现状”的插图；提供清单或资源；比较和对照研究；描述发展演变。

信息图表在 20 世纪三四十年代因杂志编辑的使用而开始广为流行，尽管它在此之前已存在了很长时间。随着研究成果和内容营销的发展，信息图表在商业领域迎来了第二春。[①]

如果运用得当，那么它们不仅实用，而且美观。创建信息图表要注意以下 6 点：

- **效用。**优秀的信息图表应当具有趣味性、教育性和实用性。我们需要思考：这些信息能为用户提供什么帮助？这些信息是否对他们的业务有用？它是否有足够的吸引力让人们花几分钟的时间去浏览和传阅？
- **数据。**信息图表应立足于事实，而不仅仅是个人观点。所以，信息图表中要使用可靠的数据。你的想法可能会成为某个故事的一部分，但是可靠的信息图表根植于现实。如果你要告诉我你的想法，那么请提供一个坚实的基础。信息图表传递的信息源自事实，而非感觉。什么

① Jason Lankow, Josh Ritchie, and Ross Crooks, *Infographics: The Power of Visual Storytelling* (Hoboken, NJ: Wiley, 2012).

是可靠的信息来源呢？可靠分析师的分析或行业协会的研究报告是值得信赖的信息来源。

- **要点。**你要聚焦于你想要通过数据表达的关键想法。写下你的核心论点，然后列出支持论点的主要数据。请克制在信息图表中填入过多内容的冲动，要提炼出你信息的核心要义。如果仍然有许多要说的话，那么可以添加链接，让用户可以阅读有更多信息的完整报告。
- **逻辑。**在叙述的框架中以大纲的形式突出关键点会有助于清晰表达。你可能会跳过规划环节开始直接设计图表。但是，前期规划是创建有意义的信息图表，并避免数字和图形混乱的关键步骤。
- **设计。**好的信息图表善于运用色彩、排版、插画、动画、视频、图表和文本等元素来共同讲述数据背后的故事。
- **核实。**反复检查和核实数据、信息来源和文本，确保信息图表没有错误。与其他类型的内容不同，信息图表一旦发布，就很难进行修正。

74

写好视频脚本

我讨厌在镜头前即兴发言。如果开会时有人拿着摄像机对准我，让我回答一个问题，我肯定卡壳。往往都是在回到酒店房间之后，我才想起来原来自己可以回答得更好、更风趣、更简洁。

我感觉我和视频就像是捆绑在一起互相伤害的关系。我在 BuzzFeed 上做了一个“该分手还是该维持？”的测验：

> “当你们在一起的时候，你觉得在精神上有升华、放松和自信吗？”——“没有。”
>
> “当你们分开的时候，你对你们的关系感到确定和宁静，还是困惑和焦虑？”——“后者。”
>
> “当你想到你们之间的关系时，你会感到情绪低落、紧张和不确定吗？”——“没错。”

但我还是选择了做视频。然后，我很高兴自己做了这样的选择。因为我意识到，我对视频的抗拒实际上是出于恐惧，而不是仇恨。尽管恐惧和仇恨听上去像是一枚硬币的两面。

事实证明，视频成功的关键在于脚本。

而且，优秀的视频和优秀的写作具有同样的基因，即永远将注意力放在用户身上，提供价值，以真实的、平易近人的、人性化的方式与受众建立起连接。同时采用引人入胜的叙述语调。

不过，视频节目《忠诚回路》（*The Loyalty Loop*）的制作人安德鲁·戴维斯（Andrew Davis）说，为视频写脚本和一般的写作有以下不同：

- 口语表达通常比书面语表达更为随意和自由。
- 口语表达的语法更灵活。
- 不必使用在书面语中常用的标点符号来撰写脚本，可以多用短句子，并用省略号来控制节奏，听起来像是在聊天。
- 将你想表达的信息写成故事。如果你的计划只是将镜头对准一位高管，然后列出谈话要点清单，效果肯定不好。
- 延迟揭秘，引发好奇心。很多的客户评价、案例研究和企业视频一上来就揭晓答案，甚至将答案就放在视频标题里。这样会错失引发观众好奇心的机会。

我和视频之间不友好的关系，犹如一些写作者与我分享他们与写作的关系一样：

- 我不确定在即兴发言中是否能准确表达。
- 我担心人们会对我所说的内容或说话方式评头论足。
- 我不知道从哪里开始表达。

这几个问题就摆在我的面前。不过，在写完这一篇文章后，我已经明确多了。

75

社交媒体写作

如何写这一章还真有些棘手，因为社交媒体的变化实在是太快了。就在我写这句话的工夫，Twitter 在推出新功能的同时取消了另外 4 个旧功能。

有一点可以确定的是：社交媒体不再是新鲜事物，它正在不断演变，而主流平台也长得是越来越像。这样的趋势似乎不利于互联网的健康发展。

我想在这一章中谈及的是你在社交媒体写作时需要的心态，以及你如何在社交媒体上展示自己并找到同类。

社交媒体写作的目的是促进交流与联系。这意味着你发布的内容最好是互动式的。你可以简单地发布一篇新闻，包括标题和原始链接。

如何做到呢？至少多添加一个细节，解释你为什么会喜欢，或者你为什么会不喜欢。

你会在不同的社交媒体平台针对不同的陌生人进行表达，但无论怎样，你都是在和人说话。

你需要考虑以下这些点。

第一，你是谁。作为商业或专业人士，你的观点是什么，立场是什么？你如何改善这个世界？

从这个角度出发可以帮助你决定分享什么内容、参与哪些讨论。

它也可以指导你分享业务领域之外的其他信息，让你的关注者或订阅者深入了解你是谁，以及你能为他们提供什么。

第二，用你秉持的立场将观众凝聚在一起。你可能拥有一辆纸杯蛋糕售卖车，但是一个更大的故事背景是你热爱本地食物，支持家乡建设。或者，你是传统生活的倡导者。重点是你要真实和真诚。

第三，为什么分享，与谁分享，而不仅仅是分享了什么。社交媒体往往因为充斥着无聊的噪声而被人诟病，比如，有人会发文说“中午吃了一个卷饼”。事实上，社交媒体为分享背景知识、展示人物个性提供了一个丰富的机会。

与其发文说“一整天都在读书”，不如说“一整天都在读维奥拉·戴维斯的新版回忆录，让我从上周的疯狂中走出来”。如此一来，你解释了你为什么要做你正在做的事以及你的性格特征。

第四，社交媒体不是直营渠道。请注意，前面的例子没有让你发文说：“一整天都在读维奥拉·戴维斯的新版回忆录。在上周大批货物发出后，我要放松一下！今天就订购我们的产品吧（附网址）。”

这不是分享，是广告。请记住，社交的目的是建立联系，而非进行直销。

从你的专业和个性出发进行分享，展现个人魅力，帮助人们解决问题。**最好的销售就是不直接销售。**

第五，个性化，而非个人化。社交媒体平台可以让你展示品牌背后的人。但分享自己的故事和分享了太多自己的故事之间还是有着微妙界限的，尤其是如果你在代表公司发文的时候。

你可以个性化你的公司或个人，但不要过于个人化。前者意味着你在互联网上是一个有血有肉、真实存在的人，有自己的观点和性格。后者意味着你在互联网上分享的内容过于私密或具体，而这些细节与你试图建立的更大的社群没有相关性。

界限究竟在哪里取决你和你所代表的品牌。举例来说：发文说天气让你不适是一回事，而发文说自己的某个敏感部位有刺激性瘙痒则是另一回事。

第六，个性化，而非完美化。记录真实的瞬间时，尽可能用对方的原话。

过度润色的完美形象是广告。过度描述的标题也给人在营销的感觉。唯有真实和真诚才能建立信任。

第七，小心自动化。如今，有许多工具可以帮助你管理和扩展你的社交媒体账号。对于规模不断扩大的公司来说，这些工具能节省不少时间。

但是，不要过度依赖自动化工具。可以使用它们扩展和简化你的社交媒体工作，但不是完全代替。

比如，自动将欢迎的消息发送给每一位新关注的人就很烦人。我今早就收到了一个。你也有这样设置吗？赶紧停了吧。

如果你的关注者感觉到你在敷衍了事，这必将损害你与对方建立信任关系。另外，这种缺乏承诺的漫不经心的做法与社交网络的精神相悖。毕竟，社交网络的本质是建立关系。

无论是在社交媒体中还是在生活中，人与人之间的真实互动比技术更重要。

第八，将社交媒体作为其他内容和用户研究的“孵化池”。社交媒体是丰富的研究对象。你会收到点赞、转发、分享、评论。

作家戴维·米尔曼·斯科特在Twitter发文称想要看看究竟什么样的内容受欢迎。

戴维对我说：“如果一条状态让人产生共鸣，得到了大量的转发和回复，那么我就会考虑将其扩展为一篇博客文章。如果一篇博客文章引发共鸣，我就会在演讲中详细探讨这个话题，并可能再写几篇博客文章。如果关于同一个主题的一系列文章都能引起共鸣，那它们就有可能结集成册，成为我下一本书的内容。”

以下是我提供给你 4 个最重要的社交媒体写作策略：

1. **重新构想你的内容。**把订阅邮件发布的内容按照推文的方式重新表达。将演讲内容剪辑后作为社交媒体的分享帖。
2. **传达价值，而不是介绍活动。**
3. **尽可能让关注者成为订阅者。**无论你在使用哪一个社交媒体平台，都要抓住机会让关注者成为订阅者。要让你的表达声音从头到尾都轻松易懂。
4. **大声朗读你的社交发文。**大声读出来，甚至可以唱出来！听上去生硬吗？那就重写，直到听上去很美好。

76

写好图片配文

你在自己的社交媒体平台独立发布图片时，要如何编写强有力的配文呢？

图片配文提供重要的背景信息。不要告诉用户图片里有什么，请告诉用户为什么要关注你。

为了写出更好的配文，请先回答以下 4 个问题：

1. 画面之外发生了什么？
2. 你脑海里在想些什么？
3. 除了视觉，再加入第二种感受：有什么气味、感觉、味道、声音？
4. 幽默源于夸张：你能创造出一个让人感觉不可思议的结果吗？

让你的图片成为文本的点睛之笔。

作家蒂法妮·贝弗里奇（Tiffany Beveridge）说："有一次，我在设计网站 Pinterest 上找图。有一张图展示着一个女孩站在一个既有火烈鸟又有雪的房间里。我一时有点困惑。"

蒂法妮当时正在为她的新书虚构时尚先锋派的女孩形象。① 她要为身穿高级时装、表情冷漠的模特的夸张照片配上幽默的文字。"当时我 10 岁的儿子经过我的书桌时，我叫住他，问他：'如果照片里的地板上不是雪，那会是什么呢？'他不假思索地回答：'帕尔玛干酪。'我经常回忆起那段经历，如果我在配文中提到雪，它可能只是很有趣。但是如果写成帕尔玛干酪，那就非常搞笑了。"（见图 76-1）

① Tiffany Beveridge, "My Imaginary Well-Dressed Toddler Daughter," Pinterest.

图 76-1 蒂法妮找到的图片

资料来源：图片使用经由克莱奥·沙利文（Cleo Sullivan）的许可。

将你的用户融入你的故事中。你的销售对象是谁？考虑一对一地传达想法。回答以下几个问题：

1. 什么你与理想用户会产生的最大共鸣？
2. 什么信号表示你理解他们，欢迎他们的到来？
3. 为什么是现在就要订购？

读一读摄影师艾莉森·泰勒·琼斯（Allison Tyler Jones）是如何给下面这张全家福配文的（见图 76-2）：

图 76-2 艾莉森的全家福

资料来源：ATJ Photo，Instagram.

随着孩子的长大，时光飞逝如梭。

从幼儿园到三年级，还像是在悠闲漫步，但转眼到了七年级，他们就像是一只脚踩上了香蕉皮上，而另一只脚迈进了高中最后一年！

有一天，就在眨眼之间，孩子们都长大了！

这就是我们总要记录当下的原因（就像《超人总动员》中的埃德娜·莫德可能会说的那样）：

放手让孩子们独立成长，或许有些伤感，但是，看到孩子们步入成年，生儿育女，我又倍觉人生充实。

育儿不仅仅是养大孩子，更是在培养出色的成年人。

艾莉森的用户群主要是美国凤凰城地区的妈妈们。让我们具体解析一下艾莉森在这个配文中传达了些什么信息：

- **她销售给谁：**你是位妈妈吗？她也是位妈妈！家人对她来说很重要，

对你也一样。

- **打消顾虑之一：**是什么会让某些人不愿意预约拍照呢？是价格吗？她的工作室绝对值得你选择。她可以拍出你在其他流水线式的摄影公司拍不到的效果。
- **打消顾虑之二：**拍照过程无痛苦，零尴尬，超有趣！因为艾莉森很有趣！就像我们所熟悉的埃德娜·莫德一样！
- **为什么现在就预订：**因为生活变化很快。眨眼间，你的孩子就长大了。
- **你获得了安慰：**不要担心，最好的时光尚未到来。

请记住：文字可以赋予图片更丰富的内涵，会更强大、更有冲击力，更有趣。

77

让通用介绍出彩

通用介绍是一段对公司的概述性描述。它位于新闻稿、报告、白皮书和其他类型的公司宣传资料的底部或结尾处。它被故意写成程式化和易于复制的样子，可以黏贴在各种表述的末尾。

然而，大多数情况下，通用介绍因为缺乏创意、枯燥乏味、毫无新意而被读者忽略。

一个常规通用介绍的基本套路如下：

> <你的公司名称>是<做什么/提供什么>帮助<目标用户><做一件事/解决一个问题>使用/通过<特定方法或解决方案>。如想了解更多？<这里是链接或电子邮件地址>

你可以再添加一些细节，如用户数量、业务年限、得到的关键认可或奖项。

但是，一份通用介绍一定要是填空式的框架吗？

为了回答这个问题，让我们先看一看连锁便利店 7-11。

7-11 公司与来自宾夕法尼亚州多伊尔斯敦的狂野朋克摇滚乐队 Froggy 合作，推出了歌曲《7-11 的玉米片》（*7-Eleven Nachos*）。以下是 7-11 公司发布的有关此次合作的新闻稿中最后出现的通用介绍：

> 你还在接着读吗？太棒了。大多数人在看到字符变小后就会停下来，但你不一样！相信我，你会在这里看到很酷的内容。7-11 公司是便利零售行业的顶级品牌和规模最大的连锁公司。它不爱吹嘘，但真的是它推广了便利店。你可以在网上搜索它的信息。它的总部位于得克萨斯州欧文

市，目前在 17 个国家和地区经营、特许经营 77 000 多家店铺，其中北美地区有近 16 000 家……感谢你坚持读到这里。你势不可当。

在这篇通用介绍中还有更多内容，我在这里提供的是一个提炼的版本。①

大多数在 7-11 公司网站上发布的新闻稿都是简单直接的。但是，这篇文章启发我重新思考要如何利用新闻稿带来更多令人难忘的阅读乐趣。

7-11 公司的通用介绍对你来说是否有点太疯狂了？

事实上，有更微妙的方法可以让通用介绍更加地个性化。下面是来自 lululemon 品牌的例子：

lululemon 是一个为瑜伽、跑步、体能训练及其他出汗型运动专门设计运动服装和鞋类的品牌。它具有创造变革性产品的经验，使人们过上他们喜爱的生活。它立足于技术面料和功能设计的研发，并与当地社区的瑜伽教练和运动员合作，推进持续的技术性研究和产品反馈。更多有关信息，请访问官网。②

“其他出汗型运动”是描述 lululemon 品牌定位的一个有趣方式。这个通用介绍也乘机强调了这个品牌为本地社区服务的努力。所有这些在一个简洁的段落中顺利完成。

通用介绍是一个用来描述平庸文本的贬义词。但你不是一位平庸的写作者。

所以，这是我向所有人发出的挑战：让我们为通用介绍增添一些能量！

① “7-Eleven and Riot Grrrl Band, Froggy, Release” Cheesiest “Music Video Ever,” September 16, 2021.

② “lululemon Announces Five-Year Growth Plan to Double Revenue by 2026 to $12.5 Billion,” *Business Wire*, April 20, 2022.

78

撰写演讲稿

演讲稿大致可以分为6个部分。无论你的演讲目标是想在会议上寻求营销突破还是推动演讲事业，你都可以按照这6个部分组织文字。

第一部分：引发听众的共鸣，为演讲设定基调。

第二部分：说明为什么现状可以改变。

第三部分：提出问题。如果有一种全新的思考问题的方式，那会怎么样？这是你可以为用户或整个行业发问的机会。

第四部分：明确你的讲话能为用户带来什么。比如介绍收益、预测可能性、提出新愿景。

第五部分：邀请你的听众参与到你的演讲中。

第六部分：加入一个易于记忆的短语。这是一个出人意料的细节，因为它让会议组织者感到惊喜并深深地留在他们的脑海中。让这个短语能表达出你自己的声音。

以下是我们在MarketingProfs为一场关于营销培训和教育的演讲所写的开场白。先来看我们糟糕的第一稿。这篇演讲立足于我们做的《营销培训研究报告》，由我和我的前同事珍·史密斯（Jen Smith）发布在MarketingProfs的B2B论坛上。

写作进阶

第一稿：《营销培训的现状》

自2002年以来，安·汉德莉致力于帮助B2B营销人充满干劲、高效工作。

2021 年，MarketingProfs 的珍・史密斯想寻找 B2B 营销培训的数据。但是，她始终没能找到。她在 Google 搜索了关键词“B2B 营销培训的现状”，获得了很多内容。她想：“在这个市场推广、用户营销协调发展的时代，为什么组织机构没有将同样的努力投入培训他们的营销团队中呢？”一个要让组织机构意识到这个巨大差距的使命就此诞生了。

在此次主题演讲中，安和珍将与大家分享：

- 首份 B2B 营销培训研究报告。
- 没有组织机构支持的营销人如何提高业务增长？
- 组织机构可以为他们的 B2B 营销团队提供什么样的支持？

这个版本读上去很糟糕，原因有 4 点：

- 重点放在演讲者而非听众身上。
- 重点放在研究报告而不是为听众带来的价值上。
- 对与听众相关性较弱的报告背景介绍过多。
- 标题毫无创意。

以下是使用 6 个部分框架重写后的第二稿：

写作进阶

第二稿：《不会过时的职业——你和团队如何在不可预测的世界中成长》

如果说有什么是我们自 2020 年以来学习到的，那就是一切皆有可能。

不可想象的事情会发生。不可预测是种常态。营销需要为此做好准备。

但是如何做呢？在一个复杂变幻、一切皆有可能的世界中，你要如何做好应对的准备呢？

在 MarketingProfs B2B 论坛上出现的问题是：

如何能未雨绸缪，让你未来的职业发展适应一切可能的变化？

如何领导一支快乐、充实的团队，并向“离职潮”说再见？

事实证明，不会过时的职业和快乐成功的营销团队的秘密是相通的。

在这场首次演讲中，MarketingProfs 的首席内容官安·汉德莉和首席营销官珍·史密斯将基于全新的研究：

- 分解 B2B 营销人需要在 2022 年及以后做些什么，才能让他们的角色更专业和权威。
- 分享最成功的营销领袖正在做什么来培养营销人，增强能力并应对“离职潮”。
- 提供真实、具有深度的市场洞察。这些洞察都基于北美营销领导者进行的详尽研究，而非仅仅是猜测或主观感受。

此外，你还将了解关于现代营销人和团队的逸闻趣事。会有小奖品吗？ MarketingProfs 可是很擅长带来快乐的！

有谁准备好了要来听一听如何在疯狂、不可预测的时代中获得营销成功的密码吗？快加入我们吧！

这个新的版本聚焦在听众身上，告诉他们聆听演讲会有什么收获和乐趣。这篇演讲稿中的独特用词是“逸闻趣事”，而且在最后呼吁人们来演讲现场。

79

撰写销售信

乔·普利齐（Joe Pulizzi）在2022年组织了一个展会。这是10多年来，乔首次踏入销售领域，为全新的“创作者经济博览会”寻找赞助商。

乔是全球级的内容营销大会 Content Marketing World 的开创者。他在开创这个项目5年后的2016年将其售出。他对营销可是十分了解。

“我可以搞定它。”他想，这种事对他来说易如反掌！

他给一些公司写了这样一封推销邮件：

写作进阶

第一稿

×××，您好：

我们即将举办“创作者经济博览会”的活动。届时将有500多名写作者于2022年5月2日至4日在亚利桑那州大度假村出席此次专享活动。

我发起此次活动的原因在于，我相信全职的写作者们希望在现实中搭建起业务往来。

我们的与会者都是经验丰富的企业家和写作者。他们平均每年花费1万美元来运营他们的内容业务。

我们今年的赞助商名额将限制在几十家。已经赞助此次活动的公司有 HubSpot、Rally.io 和 MarketMuse。

我们刚刚宣布了第一轮演讲嘉宾，其中包括罗伯托·布莱克（Roberto Blake）、安·汉德莉、杰里迈亚·欧阳（Jeremiah Owyang）、乔丹·哈宾格（Jordan Harbinger）、凯利·穆尔（Kaleigh Moore）

和沃利·科瓦尔（Wally Koval）等。他们都是世界上最令人赞叹的内容创业者。

我非常希望您能参与进来。这是我们的愿景，只是为了让您能够看到我们在提供什么。我很想创造出一些有助于您发展业务，并同时帮助到您的东西。

有 5 分钟聊一聊吗？

此致

乔

接着发生了什么呢？乔的手机被打爆了吗？他的收件箱被塞满回信了吗？他联系的公司都向他投钱了吗？——没有。

你可能在读了一两段之后就失去了兴趣。乔说："没关系，换作我也不会读下去。"

乔的努力没有回应。"我应该早些知道，"乔对我说，"这封信太长了。而且他们并不关心我为什么要发起这项活动。"

和你的用户一样，乔的收件人关心的是他们自己，他们的需求。他们不关心你是如何想的。这是毁灭性的打击。

乔重写了这封推销邮件，重点是简洁、实用、引发共鸣。他重新措辞，大幅删减，语气也更像是私人请求。

以下是乔写的第二个版本：

写作进阶

第二稿

×××，您好：

我们即将举办一场名为"创作者经济博览会"的全新线下活动。届时，将有 500 多位创作者可能会使用你提供的服务。我深信在这里有合作的机会。方便的话，我希望能够与你进行一场不超过 10 分钟的简短交流。

如果你感兴趣，那么我也可以通过电子邮件向你发送一些具体的合作想法。

在我们讨论效果之前，先来分析一下这一稿：

- 简洁：字数是原来的 1/3，并且第一行直接点题。
- 实用：乔写道，参加活动的创作者需要他正在联系的公司的服务。我也喜欢他用“我深信”的方式来激发起收件人的好奇心。“我联系的每个人也都有他自己的销售目标。”乔说。
- 共情：这个活动对收件人有价值。另外，乔不会浪费收件人的宝贵时间，他想要的只不过是 10 分钟。“每个人都有 10 分钟，尤其是当这能够帮助他们的工作和生活时。”乔说。

那么，结果如何呢？大约 25% 的人给了他回复——有人打电话，有人发邮件。最终，有 20 人选择赞助乔的新活动。

这样简单且有力度的推销邮件适用于任何类型的销售。

不要向他人卖力推销，要考虑如何帮助对方。这就是你需要传达的信息。

或许你并不从事销售工作。但是，每当你有求于人时，想一想乔的这封信。

80

为他人代笔

代笔是为他人写作。在营销中，我们可能会为老板、同事，有时也可能为用户代笔。在最终的作品上签署的是他们的名字，而不是我们的名字。

这样做意味着实际的作者像幽灵一样，隐藏在幕后，不被外人所知。然而，像电影《第六感》中的克劳医生、漫威的恶灵骑士或鬼马小精灵卡斯珀一样，你仍然能感觉到他们的存在。

为什么本书会教你如何为他人代笔呢?

虽然我不喜欢别人代笔，而且如果别人替我写作，那么我的作品肯定会失去它自身的光泽，但是对那些喜欢合作的人来说，找人代笔有它的优势。

以下是在合理合法的情况下为人代笔所需的技能。

技能 1：精通专家或高管所使用的语言。策划人莉兹·墨菲（Liz Murphy）协助马库斯·谢里丹（Marcus Sheridan）完成了《他问你答》(*They Ask, You Answer*)这本书的第二版修订。莉兹同马库斯紧密合作，既是作者又是编辑。她协助马库斯将糟糕的第一稿修改润色，在原版的基础上创作了新版本。

为了理解马库斯的写作风格，莉兹大量阅读了他的书和文章，并观看了他所有的演讲视频。

莉兹研究他的用词、句子韵律以及故事结构。

她甚至专门为马库斯建立了一个词汇表。

通过一段沉浸式的学习，莉兹掌握了马库斯的语言表达习惯。当她告诉我这一点时，我想象着莉兹从网上下载了“学习马库斯”模块。

最终，莉兹说：“我完全能用马库斯式的语言表达自如了。”

技能 2：调整你的耳朵，熟悉识别独特的表达习惯。我曾经的一个工作伙伴特别喜欢用“事情是这样的”来引出自己的想法或思路。

加入一两个具有个人特色的口头式表达，可以让一篇文章具有个性化的色彩。它就像指纹一样，给了一篇文章个人标记。

为了确保自己天衣无缝地使用了马库斯的个人表达，莉兹对我说，她会在大声朗读写好的部分时，站起来，像她观察到的马库斯那样摆动手势。就好像在她的内心深处真的住了一个马库斯一样。

“这是我在早期能够抓住要点的唯一方法。”她说。

技能 3：灵活运用治疗师的技能。当你采访专家或高管，将他们给出的回答再复述给他们，就像一名治疗师再次确认患者的答案一样：“所以，你的意思是……”这样有助于你不仅掌握对方说了什么，更重要的是对方是如何说的。

有时候，高管会给你官话、套话。

在这种情况下，问一句：“这对于你来说意味着什么？”

接着再问：“能举一个例子吗？”

“如果我是读者，我会不会理解它的意思？”

“这一点为什么重要？”

你的首要任务是建立与专家或高管之间的信任关系，鼓励对方以开放和易于理解的语言进行交流，以一种你严格把关的方式，让他们的想法被清晰表达，再将他们的想法翻译给用户。

技能 4：一个简单明了的初稿。

反复打磨初稿是很好，因为你希望它完美。但是，解决问题时简单最好。

否则，关注点都放在了语言打磨而非内容上。比如，对方会说“我不会这样说话”，而不是说“这一点很重要”。

技能 5：借由初期草稿设定期望值。“如果对方花费超过 15 分钟来进行编辑调整，”莉兹说，“那么我建议电话沟通，因为可能有更大的问题。”

技能 6：请将自我安全地放在门外。

请时刻记住，你正在为别人而不是自己写作。“无疑，你可能会和与自己的语言风格完全不一样的人一起合作，”莉兹说，“利用你的技能来细化和打磨他们的语言，让他们发光。改进他人的声音使之更加清晰，与根据个人偏好过度编辑之间有着微妙的界限。界限究竟在哪里？对你和专家来说，可能意见不一致。但是，记得它们之间的确有界限。”

最后，不要因为代笔而让你的声音永久受损。莉兹在模仿马库斯的声音工作了好几个月之后，再次回到了自己的风格。

在写完那本书之后，莉兹特意重新找回自己的声音。她开始每天写日记，在自己的工作机构义务书写可以署名的东西，她同时还研究演员是如何在走进角色生活的同时保持自己的节奏和个性的。

“为别人代笔之后，你会很容易忘记自己的声音，”莉兹说，“这有点始料未及。我必须刻意把自己带回来。我必须让写作再次变得有趣！”

致谢

如果将写作比作制造一辆车，那么写一本书便像是开一家停满了车的车行。

这个过程一点也不美好，很多工作是伴着泪水完成的。

当然，这也不是一个人在孤军奋战。

尽管本书的封面印的是我的名字，但它的成功问世离不开许多工作人员的辛勤付出。

特别要感谢克丽斯蒂娜·霍尔沃森（Kristina Halvorson）为本书取名。作为交换，我愿献上我所有的爱、金钱，以及对她的天分的永久认可。克丽斯蒂娜，你就是我心中的写作女神。

感谢安德鲁·戴维斯长久以来的支持、友谊和建议。在我和其中一些章节推拉纠缠的时候，是你担任了调解员。我还要感谢当我在这本书收尾快要撑不住的时候，你总是及时回复我在周末发给你的信息。

感谢阿哈瓦·莱布塔格坚定不移的支持，感谢你真诚、无私、友善的反馈。每次听到你以“我能告诉你”作为开场白，我都能从中得到最需要听到的宝贵建议。

杰斯·泰森（Jess Tyson）有着极好的组织管理能力。说实话杰斯，如果没有你，这本书的手稿可能会凌乱地散落在工作室周围，或是杂乱无章地扔在我的车内，而不是像现在这样整齐地装订成册。

大儿子埃文·W. H. 普赖斯（Evan W. H. Price）为这本书的英文版绘制了精美的封面。埃文还建议我，在完成第二稿时，打开门让海风吹进房间，这样能营造出最佳的氛围。

大女儿卡罗琳·R. H. 普赖斯（Caroline R. H. Price）是有史以来最好的营销高手，也是我面对 Z 世代最好的顾问，随时准备好回答诸如“你知道洛奇·巴尔博亚是谁吗？”“电影《奔腾年代》怎么样？”“Rolodex 这个牌子的名片夹好吗？”这样的问题。

同样还要感谢的有——

道格·凯斯勒，作为“糟糕第一稿”的早期读者，也同我谈及了第一稿的不糟糕之处。与此同时，因为他的文笔好到离谱，所以我一直被激励着，或者更应该说恼羞成怒地想要成为更好的写作者。

克丽·奥谢·戈尔戈内为我提供了法律上的专业知识和各种研究上的帮助。她总是能够超越我的期望，让我感到非常惊喜。

凯蒂·马特尔以其智慧、幽默的笔触写下了很多重要的内容。她总是能让周围的人变得更好。而且，我很感谢她让我在写作这本书时放松心情，拥有更多的乐趣！

安迪·克雷斯托迪纳、乔·普利齐、露丝·卡特、杰伊·阿昆佐、科里·奥洛克林（Corey O'Loughlin）、保罗·罗特泽尔（Paul Roetzer）、贾森·米勒、莉兹·墨菲、米奇·乔尔（Mitch Joel）、罗伯特·罗斯（Robert Rose）、贾斯廷·利维（Justin Levy）、戴恩·桑德斯、亚历克斯·林恩（Alex Rynne）和蒂姆·沃什，感谢你们回复我所有的信息和邮件，尽管我同以往一样好像总是对什么都有需求。

对于我在网站 MarketingProfs 上的家人们，嗯，尽管我过去总觉得把工作伙伴称作家有些奇怪。但是，怎么说呢，我已经认识你们当中的很多人差不多半辈子了。所以，我们真就像家人一样紧紧相依。

谢谢约翰威立国际出版集团（Wiley）。很抱歉我交稿这么晚。

感谢 TikTok、Instagram 和 Twitter。是它们让这本书的写作时间至少延长了一倍。

感谢 LinkedIn 给予了我鼓舞和支持！

我还要感谢以下各位慷慨无私地分享他们的反馈和鼓励——

戴维·米尔曼·斯科特、杰·贝尔（Jay Baer）、李·奥登（Lee Odden）、马克·谢弗、卡拉·约翰逊（Carla Johnson）、米歇尔·马尔泰罗（Michelle Martello）、乔·切尔诺夫、杰西·诺伊斯、海迪·科恩（Heidi Cohen）、梅拉妮·德齐尔（Melanie Deziel）、乔纳森·科尔曼、艾莉森·泰勒·琼斯、约翰·西蒙斯（John Simmons）、理查德·佩尔蒂埃（Richard Pelletier）、阿尔达斯·阿尔比（Ardath Albee）、索尼娅·西蒙（Sonia Simone）、迈克尔·布伦纳、阿什莉·泽克曼（Ashley Zeckman）、尼克·韦斯特加德（Nick Westergaard）、南希·哈胡特、埃里卡·希尔德（Erika Heald）、埃琳·金（Erin King）、保罗·吉林、吉尔·福斯特（Jill Foster）、C. C. 查普曼（C. C. Chapman）和基思·詹宁斯（Keith Jennings）。

最后，我要感谢世界上最好的编辑——瓦赫·哈贝斯（Vahe Habeshian）。不好意思的是，针对你提出的修改建议，我总会和你争论。但事实上，你基本上都是对的。

谢谢你，E. B. 怀特——我最欢的《夏洛特的网》的作者，同时也是《精灵鼠小弟》和写作指南《风格要素》（*The Elements of Style*）的作者。

记得在我梦想着成为一个出色的写作者的大学时代，《风格要素》就是我的定海神针。我不断地钻研它，牢记它给出的写作规则。我紧紧地抓着它不放，就像一只小猩猩抓住妈妈的背一样。我当时觉得那是我去往任何地方的唯一途径。几乎每一年，我还是会重读这本书。

E. B. 怀特的那句“一位一直在等待着理想工作条件的作者会在没有写下一个字的情况下默然死去”时刻提醒着我，任何想要等待一切条件都完美之后才开始动笔的人是不可能写出太多东西的。这句话，我每天都会至少默念一遍。它实际上也算是一种自我安慰。

对每一位我未有缘相见的伟大的写作者，我都要表达自己的感谢之情。

但是，我真的是发自肺腑的。

未来，属于终身学习者

我们正在亲历前所未有的变革——互联网改变了信息传递的方式，指数级技术快速发展并颠覆商业世界，人工智能正在侵占越来越多的人类领地。

面对这些变化，我们需要问自己：未来需要什么样的人才？

答案是，成为终身学习者。终身学习意味着永不停歇地追求全面的知识结构、强大的逻辑思考能力和敏锐的感知力。这是一种能够在不断变化中随时重建、更新认知体系的能力。阅读，无疑是帮助我们提高这种能力的最佳途径。

在充满不确定性的时代，答案并不总是简单地出现在书本之中。“读万卷书”不仅要亲自阅读、广泛阅读，也需要我们深入探索好书的内部世界，让知识不再局限于书本之中。

湛庐阅读 App：与最聪明的人共同进化

我们现在推出全新的湛庐阅读 App，它将成为您在书本之外，践行终身学习的场所。

- 不用考虑“读什么”。这里汇集了湛庐所有纸质书、电子书、有声书和各种阅读服务。
- 可以学习“怎么读”。我们提供包括课程、精读班和讲书在内的全方位阅读解决方案。
- 谁来领读？您能最先了解到作者、译者、专家等大咖的前沿洞见，他们是高质量思想的源泉。
- 与谁共读？您将加入优秀的读者和终身学习者的行列，他们对阅读和学习具有持久的热情和源源不断的动力。

在湛庐阅读 App 首页，编辑为您精选了经典书目和优质音视频内容，每天早、中、晚更新，满足您不间断的阅读需求。

【特别专题】【主题书单】【人物特写】等原创专栏，提供专业、深度的解读和选书参考，回应社会议题，是您了解湛庐近千位重要作者思想的独家渠道。

在每本图书的详情页，您将通过深度导读栏目【专家视点】【深度访谈】和【书评】读懂、读透一本好书。

通过这个不设限的学习平台，您在任何时间、任何地点都能获得有价值的思想，并通过阅读实现终身学习。我们邀您共建一个与最聪明的人共同进化的社区，使其成为先进思想交汇的聚集地，这正是我们的使命和价值所在。

Everybody Writes: Your Go-To Guide to Creating Ridiculously Good Content
ISBN: 9781118905555

著作权合同登记号：图字：01-2024-5034 号

图书在版编目（CIP）数据

你也能写出爆款好文案 /（美）安・汉德莉著；白瑞霞译. -- 北京：中国纺织出版社有限公司，2024. 11. -- ISBN 978-7-5229-2171-6

Ⅰ. F713.812

中国国家版本馆CIP数据核字第202450E47B号

责任编辑：刘宇飞　李文潇　　责任校对：王蕙莹
责任印制：王艳丽

中国纺织出版社有限公司出版发行
地址：北京市朝阳区百子湾东里 A407 号楼　邮政编码：100124
销售电话：010—67004422　传真：010—87155801
http://www.c-textilep. com
中国纺织出版社天猫旗舰店
官方微博 http://weibo.com/2119887771
唐山富达印务有限公司印刷　各地新华书店经销
2024年11月第1版第1次印刷
开本：710×965　1/16　印张：14.75
字数：230千字　定价：89.90元

凡购本书，如有缺页、倒页、脱页，由本社图书营销中心调换